ちくま新書

英語の処方箋
――「日本人英語」を変える100のコツ

ジェームス・M・バーダマン
James M. Vardaman
安藤文人＝訳

1405

はじめに

登山者は、まず必要な装備、食料、衣服などについて詳細なリストを作成する。周到な準備こそ成功の必須条件だ。しかしそれでも、予期せぬ障害は起こりうる。岩に躓《つまず》いて捻挫したり、天候が急変したり、体力が続かなかったり……その程度がはなはだしければ、諦めて下山するしかない。しかし、なんとかその困難を乗り越え、頂上に立つことができれば、登山者は大いなる達成感を味わうことができる。山登りの楽しさを実感し、新たな挑戦に胸を弾ませる。

英語という山を登る学習者も、まず単語を覚え、基本的な文法を理解することに多大なエネルギーを費やす。それからゆっくり、しかし着実に歩みを進めれば、文字からも音声からも英語を理解できるようになり、さらには自ら英語で書いたり話したりできるようになる。

しかし、その学習の過程では、教科書を見ても辞書を引いても解決のつかない疑問に突き当たって、思わず立ち止まってしまうこともあるだろう。こんなとき、近くにいる英語のネイティブ・スピーカーに尋ねても、あまりはかばかしい答えが得られない場合が多い。英語に限らないが、たとえ自分の母語であっても、よく説明のできないことがらはある。ましてや、それを学習者の言葉——本書の場合は日本語——で説明するのは非常に難しい。

本書では、あえてその困難な説明を引き受けようとした。文法の参考書ではなく、読物として書かれているのはそのためだ。ここでは、日本語を母語とする学習者が躓き、抱くような疑問に対して、日本語と英語は「どのように」異なり、また「どうして」英語ではそのような表現をするのかを簡単な例文を挙げながら説明することで、答えようとしている。

もう40年以上、私は学生や同僚、また編集者からの質問に答えてきたが、その結果、日本語を母語とする学習者がかなりの確率でひっかかってしまうような疑問を多く集めることができた。そのうち100項目を本書では扱うが、それぞれの記述は、単なる語彙や文法の解説に終わらず、英語のネイティブ・スピーカーの思考方法や感情表現の特徴、また人間関係のあり方や社会習慣など、言語そのものよりも、その奥にあるものにまで触れるものとなった。読んでいただければ分かるだろうが、ある意味それは必然だったとも言える。

本書の訳者である安藤文人氏は昔からの友人だが、私との付き合いの中で「日本人の英語学習者が文法書や辞書を見てもなかなかわからない」疑問点を、大量に投げかけてくれた。つまり本書の材料をふんだんに与えてくれたという意味でも、その貢献に感謝したい。

本書が、英語を学ぶ途中で立ち止まってしまった人たちにとって、処方箋のような役割を果たしてくれたら、著者としてこれに優る喜びはない。

英語の処方箋
「日本人英語」を変える100のコツ
【目次】

本文デザイン＝中村道高

第1章

「日本人英語」の弱点

001 I have a few friends.

“a”がつくかつかないかで大きく違う

日本人が英語を学ぼうとして、さんざん苦労するのが冠詞である。名詞の前に定冠詞“the”をつけるのか、不定冠詞“a/an”をつけるのか、それとも別の言い方があるのか……そもそも日本語には冠詞などという面倒なものがないので、使い方が分からなくても無理はない。アドバイスとして言えるのは、**冠詞の用法を示す典型的な例文やパターンを覚えたら、あとの細かいルールはあまり気にしない**、ということである。人生は短い。むしろ他のことに頭を使ったほうが良いだろう。

とはいえ、不定冠詞の“a”を使うか使わないかで大きく意味が異なってくる場合が二つある。これだけは触れておかねばならない。

“little”と“a little”

I have little money.

と言えば、お金がほとんどなくてやっていけない、という意味だ。本人も行き詰まって生活に困り、やけっぱちになっている感じまで伝わる。もちろんここではお金が「ない」ことが強調されている。

しかし、もしこの“little”の前に“a”を入れて、

💬 I have a little money.

と言ったとすると、意味はまったく違ってくる。話し手はここでお金が**「(たくさんではないが少しは) ある」**ことを示そうとしている。つまり状況をポジティブに受け止めているわけで、決してやけっぱちではない。もちろん贅沢をするほどのお金はないが、いくらか貯金も所持金もある、というような感じをただよわせる言い方だ。

“few”と“a few”

では、

💬 I have few friends.

はどうだろう。こちらは友達が「いない (に等しい)」ということで、状態をネガティブに伝えようとしている。しかし、ここでも“few”の前に“a”を入れて

💬 I have a few friends.

とすると、やはりまったく異なった意味合いになる。この場合は友達が少ないということではなく、むしろ友達が**「(何人かは) いる」**という点が強調されているのだ。この場合、本人は決してネガティブな気持ちではなく、むしろその何人かいる友人とは良好な関係を築いているという、満足した気分すら伝わってくるのである。

002 It's been a long time.

"Long time no see." は不愉快?!

「お久しぶりです」という意味で、"Long time no see." を使う人は日本人に多い。

しかし、どのような場合も "Long time no see." で良いという訳ではない。友達同士のくだけた会話ならば問題はないだろうが、**年齢が離れていたり、社会的立場が異なるような場合は避けたほうが良い。**学生が教授に向かって使ったら、教授のほうはちょっと不愉快に思うはずだ。

より丁寧で差し障りのない言い方

これに対して、ほとんどの場合で使える言い方としては、

💬 It's been a long time.
💬 It's been (quite) a while.

がある。ともに、最後にお会いしてから長い時間が過ぎた、という事実を述べる言い方だ。

しかし、会っていない期間が長いことだけを伝えるのもちょっとつまらない。むしろ久しぶりに会った喜びのほうを表に出して、次のように言うこともできる。

💬 It's a pleasure to see you again.
（またお会いできてうれしいです）

💬 How have you been?
（お元気でしたか？）

💬 How are things with you?
（いかがお過ごしでしたか？）

💬 How is your family?
（ご家族の皆さん、お変わりございませんか？）

他にもこんな言い方が

「お久しぶりです」とまったく同じ意味ではないが、相手に対する気持ちを言葉にしても良い。連絡を怠っていて、やや後ろめたい気持ちがあるときには、

💬 I'm sorry that I haven't stayed in touch.
（ご無沙汰して申し訳ございません）

💬 I've thought of you often, and wondered how things were going with you.
（よく思い出しては、お元気かなぁと思っていたのですが）

などと言っても良い。単なるお愛想でこういう決まり文句を口にするのは感心しないが、本心からそう思っているのなら、昔のようにお付き合い願いたい、という気持ちを込めて、これらの表現を使うと良いだろう。

003 I think English is a difficult language.

確信の度合いを的確に表す

自分の言う（言った）ことにどの程度確信を持っているのか、ということを示す表現がある。日本語ならば、「〜かもしれない」「〜と思うのですが」「〜に間違いありません」などだ。英語にも同様な表現はもちろんあるが、日本語との最大の違いは、文中の位置である。日本語では、通常このような表現は文の最後にくるので、極端な例を挙げれば、「あなたはどうしようもないバカだ……とは思いません」という言い方もできる。

最初に確信の度合いを示す

しかし**英語ではたいてい、何かを述べる前にまず、その内容についての自分の立場を明示する**。これには非常に強く確信している場合から、まったく自信がない場合まで、様々な言い方がある。

たとえば、

I think English is a difficult language.
（英語は難しい言語だと思います）

と“I think”を最初につけると、論理的な思考の結果そう考えている、と明確に伝えることになる。これに対して、

I believe Angela will attend the meeting.
（アンジェラはその会議に出ると思うよ）

と“I believe”を使えば、それが主観的な意見や印象で、根拠があるわけではない、という意味合いが感じられる。会話では、この“I believe”は、断定の調子を和らげ、話すほうも百パーセントそれが正しいと信じているわけではない、ということをほのめかす役割を果たす。

自信をもって断言する

これに対して、“*I'm certain that* I've seen him somewhere.”（私は確かにどこかで彼を見たことがあります）と言えば確信の度合いは増し、さらに、

I know for a fact that he has moved to Seattle.
（彼がシアトルに移ったのは事実ですよ）

と言えば、それを疑う余地などない、という強い意味合いになる。話し手は何か確かな根拠を持っているのだ。

日本人の中には、ネイティブの英語話者（特にアメリカ人）は、いつも明確かつ率直に自分の意見を口にすると信じている人が多いようだが、ここまで見てきたように、**英語でも、やはりその確信の度合いによって様々に異なる言い方がなされる**ことを知ってほしい。違っているのは、それが文の最初に示されるか、最後まで示されないか、という点だけなのである。

004 I will go to Hawaii.

まぎらわしい① be going to/will

英語でのちょっとしたおしゃべり（small talk）を苦手とする人は多いようだが、おしゃべりの流れの中で、なんとなく相手の予定を尋ねることはよくある。

What are you going to do tonight?
（今晩はどんなご予定なんですか？）

Do you have plans for the weekend?
（週末は何か計画があるの？）

Are you going anywhere during the holidays?
（お休みにはどこか行かれるんですか？）

もちろん、こう聞かれても事細かに自分の計画を話す必要はない。**注意すべきなのは、"I will..."を使って答えるのか、"I'm going to..."を使うか、という点だ。**

そこに重要な違いが

あなたが今晩の予定を聞かれたとして、

I think I *will* go to the bookstore on my way home.
（帰りに本屋さんに寄ろうかな）

と“will”を使って答えても別に相手は驚かない。あなたは今、本屋に寄ろうと思いついたのである。
一方、もしあなたが１週間の休暇の予定を聞かれて、

I *will* go to Hawaii.
（ハワイに行くことにします）

と答えたら、相手はちょっと驚くだろう。
“I will…”は、尋ねられるまで何の考えもなかったけれども、「今、この場で決断した（本屋に寄る／ハワイに行くことを決めた）こと」を述べる表現である。ハワイに１週間も行く、という決断を、訊かれたその場でしてしまうというのは、いかにも唐突だ。それに対して、

I'm going to spend a week in Hawaii.
（ハワイで１週間過す予定です）

と言えば、これはごく自然な答え方になる。“be going to…”を使えば、すでにあなたがその計画を決めていて、おそらく飛行機もホテルも予約していることが伝わるからだ。つまり**“be going to…”は「今決めたこと」ではなく、「前から決めていたこと」を示す表現**である。
もし、行きたい気持ちだけあって、まだ具体的な計画を立てていなければ、“I'm thinking about spending a week in Hawaii.”（ハワイに１週間行ってみようかなって思っているんだ）などと言えば良いだろう。

005 I must be going now.

まぎらわしい② have to/must

日本語で「〜したほうがいい」とか「〜しなければなりません」にあたる英語には、“must”や“have to”、“have got to”から“gotta”や“hafta”まで、いくつかの表現がある。しかし、これらは皆、まったく同じ意味だろうか？

私の経験からすると、日本の学生は、他の表現を使ったほうが良い場合でも“must”ばかり使う傾向にあるようだ。しかし、**“must”を使うと、「どうしても（たとえ私の本意でなくとも）しなくてはならない」という意味合いを帯びてしまう。**たとえば“I must go shopping.”という表現は文法的に間違ってはいないが、少し変な感じがする。微妙な違いだが、これが“I must be going now.”（もう失礼しなくてはなりません）ならば、“must”を使うことで、「失礼する」相手に対して「残念ですがどうしても」行かなければならない、という気持ちを伝えようとしていることが分かる。もちろん“I have to be going now.”でも良い。

状況に応じた使い方

これに対して、“I must go shopping.”と自分の予定について述べるのが変に聞こえるのは、わざわざそんなことを他人に言う必要がないからである。「私はどうしても買い物に行かなければならないのです」と言われると、不自然なばかりか、気取っているようにさえ聞こえる。こちらがお願いしたわけでもないのに“must”を使われると、もったいぶった感じがして、「買い物がそんなご大層なことなの？」とツッコミを入れたくもなる。

これに対して、**“have to”は、自分や他人にどのような義務、予定があるかを単に事実として述べるために使われる。**丁寧さがそれで損なわれるというわけではない。

We have to make plans for our trip.
（旅行の計画をたてなくては）

I have to find a new apartment.
（新しいアパートを探さなくちゃ）

Ellen has to finish the project by Friday.
（エレンは金曜までにその仕事を終える必要があります）

You don't have to bring anything for lunch.
（昼食のご用意はいりません）

会話における省略

仲間同士、くだけた会話の場合には、“I hafta go now.”や“Gotta go now.”という短縮形が使われる。それぞれ“have to”が“hafta”に、また“have got to”が“gotta”に縮められたものだが、これらの短縮形は会話やインタビューなど話し言葉で用いられるもので、あえて書き言葉で使う必要はない。文章中で使うと、くだけすぎていると感じられたり、場合によっては、ちょっと乱暴で失礼な印象すら与えかねないので注意したい。

006 I wish I could speak English well.

まぎらわしい③ hope/wish

"hope"も"wish"も、願いを示すという点では同じである。しかし、違うのはその願いがかなうことへの期待の程度である。次の二つの文を比べてほしい。

I hope I can speak English well.
（英語がうまく話せるようになりたい）

I wish I could speak English well.
（英語がうまく話せたらなあ）

上の文では"can"を用い、下の文では"could"を使っていることに注意してほしい。つまり"hope"では"can"を使うが、"wish"と言ったら必ず"could"を使わなければならない。その逆はありえない。日本語に直すとあまり差がないように見えるかもしれないが、そもそもこの二つの文章の意味合いはまったく違うのだ。

どう違うか説明する前に、まず二つの文章が、ともに現在話し手が英語をうまく話せない、という事実を前提としている点を確認しておこう。そのうえで、**"hope"を使った最初の文は、話し手に「今後英語がうまく話せるように努力しよう」という気持ちがあることを示している。**実際に英語を使えるようになりたいし、そのためには努力が必要だということもわかっている状態だ。

願望に終わる願望

これに対して、**“wish”を用いた文では、話している本人は特に努力しようとは思っていない。**これは“wishful thinking”と言って、実現のあてもない願望というか、ある朝起きたら英語が流暢に話せるようになっていないかなあ、というような一種の夢想に近いものである。もちろん、そのために真剣に勉強を始めようなんて考えてはいない。こんな風に“wish”を使って相手が何か言ったら、本気で実現させようとは思っていない、と考えるべきだ。

助けを求められて

別の例で考えてみよう。誰かから助けを求められたとして、“I hope I can help you.”とあなたが答えたとしたら、本当に相手を助けられるかどうか確信は持っていないにしても、ともかく役に立ちたい、そのために努力したい、という意味になる。これは社交辞令ではなく、実際に助力を申し出ていることになる。

ところが、“I wish I could help you.”と言えば、これは全然違う意味になる。その気があるかないかを問わず、ともかく自分では相手を助けることはとてもできない、とすでにこの時点で表明していることになるからだ。日本語の「難しいですね」という言い方と似ているが、もう少しはっきりと不可能であることを伝えている。ただ、これは相手を助けたくない、という意味ではない。この場合は何らかの根拠があって、相手の力にはとてもなれない、と話し手は確信しているのである。

007 Let's get together sometime.

"sometime"と"sometimes"は全然違う

よく日本語はあいまいだと言われるが、**英語も負けず劣らずあいまいな場合がある。**たとえば"Let's have lunch together sometime."（そのうち一緒にお昼でもどうだい）などと**"sometime"を使って軽く言われたら、相手が本気でこちらを招待していると思ってはいけない。**これはほとんど意味のない、会話の上での言わばお愛想に過ぎないからだ。"Let's get together sometime."（また、いつかご一緒しましょう）なども"I hope to see you again sometime."（またいつかお会いできるといいですね）と同様に、儀礼的な表現である。

"sometime"は、過去でも未来でも、不特定あるいは不確かな時を示す。過去の例を挙げれば"I met him sometime in 2016."（私は2016年のいつだったかに彼に会った）と言った場合、話し手は「彼」と出会った年は覚えているが、それが何月だったかは覚えていないことになる。未来についても、"I'm planning to visit Paris sometime in the spring."（春の間にパリを訪れようと計画しているんだ）と言えば、季節は決まっているが月日までは確定していないことになる。このように"sometime"は、過去について正確にそれがいつだったか忘れてしまった場合にも、また未来についてまだ予定が明確に決まっていない場合にも使えるという意味では、便利な言葉だと言えるだろう。同様の表現に“sometime soon”（いつか近いうちに）があり、“Let's have lunch together sometime soon.”（また、近いうちにお昼でもご一緒しましょう）などと使われる。

「時には」ホメロスも

これに対して、**“sometimes”と最後に“s”がつくと「時々」とか「時には」という意味になる。**“I work late sometimes.”（時々遅くまで仕事をする）と言えば、話し手はいつもではないが残業をするときがある、ということになる。頻度で言えば“sometimes”は“always”（いつも）と“never”（決してない）の間に位置するが、正確にどのあたりとは言うことができない。ちなみに“Even Homer sometimes nods.”（ホメロスでさえ時には居眠りをする）ということわざがあるが、これは「弘法にも筆の誤り」とか「猿も木から落ちる」と同じ意味である。

二語に分かれると

また、**“sometime”を二語に分けて“some time”とすると、“a block of time”（一定の、まとまった時間）という意味になる。**“I need some time with my son.”と言えば、子供と過ごすまとまった時間が必要だ、ということになる。また、（たとえば別の会社に誘われて）「しばらく考えさせてください」と言う場合には、“Let me have some time to think.”と“some time”を使えばよい。頻度を表す“sometime”と異なり、二語になった“some time”は、「ある程度の期間」を示すからだ。

008 I can't stand this nonsense anymore!

「話し言葉」か「書き言葉」か

「我慢できない」は英語で何と言うんだろう、と思って「我慢する」を辞書で引くと、"bear, endure, stand" などという単語が出てくる。では、この中でどれを使うのが一番良いのだろう……。そのように迷ったら、*Longman Dictionary of Contemporary English* のように**「コーパス」に基づいて作られた辞書を引くことをお勧めする。**「コーパス（corpus)」とは、実際の言語用例を大量に集積したデータベースのことだが、たとえば上に挙げたロングマンの辞書が基づいている British National Corpus には、1億語（！）分の言語使用例が集められている。

話し言葉と書き言葉

話を「我慢する」に戻せば、上記の三つの動詞は、**話し言葉の場合と書き言葉の場合で使われる頻度が異なる。**

たとえば話し言葉では"stand"がもっともよく用いられ、"bear"はそれほど使われず、"endure"はめったに使われない。反対に書き言葉では"bear"がもっとも一般的で、"endure"も普通に使われるが、"stand"はそれほど用いられない。ここからも、辞書を選ぶときには、話し言葉の場合と書き言葉の場合の違いが分かるようなものが望ましいと言えるだろう。

例文チェックは欠かせない

良い辞書ならば、次のような用例が示されているはずだ。

- I can't bear that man!
  (もうあの男には我慢がならない！)〔話し言葉〕
- I can't stand this nonsense anymore!
  (こんなくだらないことには付き合ってられませんよ！)〔話し言葉〕
- The bridge was unable to bear the weight of the traffic.
  (その橋は通行車両の荷重に耐えられなかった)〔書き言葉〕
- The Mid-East has endured decades of warfare.
  (中東は過去何十年もの間戦火を耐え抜いている)〔書き言葉〕

単語を選ぶ場合は、このような実際の用例と、それが話し言葉か書き言葉か、という区別を参考にして、自分の使いたい状況にはどれが一番適切かを判断する必要がある。ネイティブの場合はその違いが感覚的にわかるものだから、質問をしても「まあ、みんな同じ意味だよ」としか答えてくれないことがある。辞書や先生が「普通のネイティブ」より頼りになるのは、そんなときだ。覚えておこう。

009 Jake is roughly my age.

「ほぼ」って何て言う?

日本の英語教育では、英単語の意味は教えても、それが実際にどのように使われているか、という点にはあまり注意が払われていない。また残念なことに、一つの単語が、**話し言葉と書き言葉のどちらでより頻繁に用いられるのか、という点もなおざりにされてしまっている。**

たとえば、「おおよそ」とか「ほぼ」という意味で使われる三つの言葉、"approximately"、"about" そして "roughly" について考えてみよう。このうち "about" は、話し言葉でも書き言葉でも、もっとも一般的に用いられる。"roughly" は話し言葉では "approximately" より普通に用いられるが、書き言葉では逆に "approximately" のほうが使用頻度が高い。いくつか使用例を見てみよう。

💬 From Tokyo to Sendai costs about ¥12,000.
(東京から仙台までだいたい1万2千円くらいかな)

💬 Jake is roughly my age.
(ジェイクと僕は同じくらいの歳だよ)

💬 We will be boarding passengers in approximately 15 minutes.
(約15分後に搭乗を開始いたします)

最初の二つはくだけた会話文。最後の文は書き言葉ではないものの、空港でのアナウンスという性質上、よりフォーマルな感じの“approximately”が用いられている。

学術的、あるいはビジネス上の文章

学術論文や研究発表、また行政文書や正式なビジネス文書では“approximately”が一般に好まれる。新聞記事も同様だ。二つ例を見てみよう。

- Approximately one person in eight suffers from pollen allergy.
  （約8人に1人が花粉症にかかっている）
- The firm expects approximately $4 million in sales this year.
  （その会社は今年約400万ドルの売り上げを見込んでいる）

日本人の使う「およそ」

日本人の英語で、ときどき“roughly 38 centimeters”だとか“approximately 1,050 yen”などという表現を見聞きするが、これは少なくともネイティブには奇妙に聞こえる。正確な数字を示しているのに「およそ」をつけるのがおかしいからだが、**この「およそ」の使用は、むしろ日本文化に根ざした別の理由があるのかもしれない。**つまり、伝統的に日本人には、なにか物事をはっきりと断言するのを失礼だと感じ、正確にわかっていてもそれをぼかして言うようなところがある。それが英語にもひきつがれてしまっている、というのが私の推測だ。

010 May I have your autograph?

「サイン」の言い方いろいろ

歴史書によれば、1776年にアメリカの植民地がイギリスからの独立を宣言した際、最初にその宣言書に署名したのはアメリカ大陸会議議長のジョン・ハンコックだった。おそらく彼は英国王に対して見せつけんばかりに、勢いよく自分の名前を書きつけたことだろう。実はここから、人に署名をお願いするときに、

“Please put your John Hancock on it.”

というように言うことがある。もちろん“Please write your signature on it.”（ここに署名してください）という意味だが、知っておいても損はないだろう。

autographとsignature

日本語では皆「サイン」だが、**本の著者とかスポーツ選手に対して（本の見返しや着ているシャツに）名前を書いてもらいたいときには、“autograph”**を使って、

May I have your autograph?
（サインしていただけますか）

と言う。一方、**普通の人が仕事やホテルのチェックイン**

などの時に名前を書くときは、“signature”を使う。どちらも名詞として“sign”を使うことはない。動詞としてならば、“sign *one's* name on (something)”という形で、

Could you please sign (your name) here?
（ここにサインしていただけますか？）

などと使うことがある。署名をお願いする表現としては他にも、“Would you sign this for me, please?”　とか、“Could you put your signature here, please?”などがある。

ただ、日本では書類などの場合、もう名前を書いたのに「ここにサインしてください」と言われることがある。これは印鑑の代わりの意味なのだろうと思って、イニシャルを書くことにしているが、英語で頼むならば、

Please put your initials here.
（ここにイニシャルでサインしていただけますか）

だろう。アメリカでも、レンタカーを借りたりホテルにチェックインしたりするときには、署名をしたうえで、隣の小さな欄にイニシャルを書くことがよくある。

署名で思い出したが、アメリカの学校ではもう筆記体を教えていない。署名も活字体でする人が増えている。日本の学校でも特に筆記体は教えていないようだが、だからと言って必ずしも活字体で署名する必要はない。筆記体、活字体、どちらでも問題はないのである。

011 The kid that swims fast is my friend.

関係詞　"who" "which" "that"の使い分け方

文法の教科書を見ると関係詞節（形容詞節）は名詞を修飾し、関係詞（who, which, thatなど）から始まる、と書いてある。さらに、修飾する名詞が人間ならば"who"、物事ならば"which"を用い、またどちらの場合でも"that"を用いることが可能である、とも書いてある。しかし、実際の使われ方、特に会話での用法を見ると、これらを文法「規則」と呼ぶことは次第にためらわれてくる。たとえば、

💬 The kid that swims fast is my friend.
（その、泳ぐのが速い子どもは僕の友達だ）

という文章の関係詞は、書き言葉なら"who"とすべきだとこだわる人もあるだろうが、話し言葉では"that"も"who"も同じように用いられている。

人が動詞の目的語である場合

また、「会ったことのある人」など、**動詞の目的語が人である場合は、書く場合も話す場合も同様に"that"を関係詞にする。もしくは関係詞そのものを省略する。**

💬 The man (that) Maria introduced to me is her

coworker.
（マリアが紹介してくれた男性は彼女の同僚です）

いや、ここは“The man whom Maria introduced to me is her coworker.”とすべきでは、という人もいるかもしれない。しかし現在の英語では、書き言葉であってもほとんど“whom”は用いられない。もし使えば、やけにもったいぶった言い方をするな、と思われてしまうだろう。“whom”はゆっくりと、しかし確実に消えつつあるのだ。

物事を修飾する場合

人ではなく、物や事を修飾する場合、イギリス英語の書き言葉で一番よく使われる関係詞は、“which”である。

The story collection which he recently published is already a bestseller.
（この間彼が出版した小説はもうベストセラーになっている）

しかし、アメリカではこの場合でも“that”を使うし、イギリスでも話し言葉では“that”が普通に用いられる。さらに、会話ではこの“that”まで省略可能である。

The story collection he recently published is already a bestseller.

012 The number is more than six.

「以上」「以下」を表すときは要注意

英語から日本語へ、あるいは日本語から英語へ翻訳する場合、特に注意しなければならないのは数にかかわるいくつかの表現である。これが結構やっかいなのだが、しかし異なる言語を扱うときには、思考回路そのものも調節する必要がある。

“more than”と「以上」

まず“more than six”という数量表現について考えてみよう。この場合「6」という数字にひきずられて「6以上」と訳してしまいがちだ。しかし、これは間違い。日本語で「6以上」と言えば「6」を含むが、**英語で“more than six”と言った場合は、「6」を含まない。**それが個数ならば、「7（個）以上」になるのだ。もし「6」を含めたいのならば、英語では“six or more”と言わなければならない。

“less than”と「以下」

となると、“less than”でも同じことが言える。**“less than four”と言えば、「4」は含まない。**つまり「4未満」という意味になる。もし「4以下」と表したければ、“four or less”、あるいは“a maximum of four”と言う。

「最大限」を示す“within”と“up to”

数量の範囲を示す表現には、他に“within...”や“up to...”があり、ともに「最大限で〜」という意味で使われる。たとえば、“Up to 10 people can ride in the elevator.”（そのエレベーターには10人まで乗れます）と言えば、10人目は乗って大丈夫ということになり、“up to”は「以内」と同じ意味になる。

そのほかの「以内」

実際、場合に応じて「以内」は様々に表現される。たとえば「1週間以内」は“I have to finish this job within a week.”（私は1週間以内にこの仕事を終えなければならない）のように“within a week”か、または“in a week or less”を用いる。また「20分以内」であれば、“Parking for 20 minutes or less is free of charge.”（20分以内なら駐車無料です）というように、“20 minutes or less”、または“no more than 20 minutes”と表現すれば良い。

さらに、金額で「1000円以内」であれば、“a sum not exceeding 1,000 yen”とするか、“1,000 yen or less”を用いて“All items on this shelf are 1,000 yen or less.”（この棚の商品はすべて1000円以内です）などと表す方法がある。

このように正確に数量を表現することは、ビジネスにおいても、また旅行においても重要であることは言うまでもない。**日本語にとらわれず、英語の数量表現がどの範囲を示すのか、正しく捉えて用いることが必要だ。**

013 Good morning, Doctor Jones.

「〜先生」って何て言う?

日本語で他人に呼びかけるときに名前につける「〜さん」とか、あるいは「〜先生」という敬称は、ずいぶん便利なものだ。「〜さん」などは誰につけても良い。しかし、英語の場合は敬称にも色々注意しなければならない点がある。Mr.やMs.といった敬称は名字もしくはフルネームの前につけて用いるが、名前（ファーストネーム）につけて使うことはできない。日本語では「イチローさん」と言えても、英語で“Mr. Ichiro”とは言わない。

職業・学位による敬称

また、英語ではMr./Ms.の他に、**職業や学位の有無にもとづく敬称（尊称）もある。**たとえば医学博士号（ラテン語でMedicinae Doctor,略して“M.D.”）を持っている医師は“Doctor Jones”などと呼びかける。歯科医師の場合も同様だ（この場合Doctor of Dental ScienceからD.D.S.と略称する）。また、研究者などで博士号（Ph.D.=Doctor of Philosophy）を取得していれば、やはり“Doctor Jones”と呼びかける。書くときには、“Dr. Jones”と略されて、封筒の宛名にもこの略した敬称が用いられる。日常の会話でも、“Good morning, Doctor Jones.”（おはようございます、ジョーンズ博士）とか、“Doctor Jones, I have a question about our assigned homework."（ジョーンズ先生、宿題について質問があるのですが）などと普通に用いられる。

大学教員の場合

しかし、大学で教えている教師がみな博士号（Ph.D.など）を有している訳ではない。相手が博士かどうかわからなければ、"Professor Jones"と呼びかけ、書くときには"Prof. Jones"などとしておくのが無難だろう。名刺などでは、博士号取得者は、"Margaret Jones, Ph.D."とか、"Roger Smith, M.D."などと名前の後に資格を添えて書くのが普通だ。

「先生」の使い方

日本語の「先生」は、教師のみならず、芸術家や時には政治家まで、実に幅広く敬称として用いられる。これらは、**大学教員や医師をのぞき、英語ではすべてMr.やMs.に置き換えて構わない。**この「先生」には相手への敬意を特に示す役割があるので、ネイティブでも"Tanaka-sensei"などと言ったりするが、もちろんこれは日本での話。日本の学校では教員同士も「先生」をつけて呼びあうので、英語で話すときも、"Kimura-sensei and I are on the same committee."（木村先生と私は委員会が同じなんですよ）などと言ったりする。

ただし、一点注意が必要。日本語では敬称を後につけるからと言って、「木村教授」を"Kimura-professor"、「バーダマン先生」を"Vardaman-teacher"などと言ってはいけない。

014 The box is in the pen.

単語の意味を決めつけてはいけない

ずいぶん前になるが、ある日本人の友人から、"The hogs roared around the center of the town."という文章の意味を聞かれたことがある。しかし、私にはどうしてもそれが分からなかった。なぜなら、"hogs"（豚）は"grunt"（ブーブー鳴く）することはあっても決して"roar"する（ほえる）ものではないからである。ライオンは"roar"するし、またジェット機や甲子園の大観衆が"roar"する（轟音を発する／どよめく）こともあるが、"hogs"は"roar"しない。私はどうしてここで"roar"が使われているのか分からないままだったのだが、一日二日たったあるとき、ふと気づいたのである。問題は"hogs"の意味だった。ここで使われている"hogs"は「豚」ではなく、ハーレーダビッドソンのような「大きいバイク」を指しているのではないか！　そして、すべてが腑に落ちたのである。

ペンの中の箱？

ところで、この項の見出し文はいかがだろうか？　一瞬、"The pen is in the box."と読んで、納得してしまったかもしれないが、よく見てほしい。逆である。卒業記念品のように箱の中にペンが入っているのではない。ペンの中に……いやいや、そう考えるとこの文は分からなくなる。

結論を急がないで

もしここで、最初に書いた“The hogs roared...”の文を思い出していただければ、そして辞書をもう一度よく見ていただければ、“pen”には、筆記用具の意味の他に羊や豚を飼っておく「小さな囲い」の意味があることに気づくはずだ。

ここから導くべき教訓は、**文そのものが間違っていると思う前に、辞書の語義をずっと下まで見てみる**、ということである。すると、16番目くらいにまさにぴったりの意味が見つかるかもしれない。

私自身も日本語で、人から指摘されるまで長い間誤解したままだった言葉は少なからずある。たとえば「着服」という言葉。もちろん「服を着る」という意味もあるようだが、私はそれ以外の、現代ではより一般的に使われる「横領する」という意味を知らなかったのだ。

間違いは文でも起きる。これは英語の場合だが、私の知っている人は、よくメールや手紙の書きだしに使う“I hope this finds you well.”を、「このメールがうまくそちらに届いたら幸いです」という意味に受け取っていた。もちろんこれは、「お変わりございませんか」という決まり文句である。

外国語学習においては、単語や表現を“pick up”つまり「聞きかじる」ことはとても大切である。しかし、それで推測した意味が間違っていることもごくたまにある。そのことだけは、頭の片隅にいれておいてほしい。

015 I'll bring you some coffee.

まぎらわしい④ bring/take

“bring”と“take”、また“come”と“go”というように動詞をセットで覚えた人は多いだろう。これらは初級者がすぐ習う動詞だが、一方で、実際に使うとなるとこれくらい間違いやすい動詞もない。**ポイントは、自分と話し相手がいる「場所」である。**

話し相手と同じ場所にいる場合

“bring”と“take”について考えてみよう。日本人は、これを「持ってくる」と「持っていく」という意味で覚えている。と言うか、辞書にもそう書いてある。確かに、駅の待合室に友人といて、荷物が多い友人のために、“I'll bring you some coffee.”（コーヒー、僕が持ってくるよ）と言うのは正しい。**二人とも同じ場所にいるのだから、「どこ」に“bring”するのかは明らか**だからだ。この場合は“bring”=「持ってくる」で良い。

また、同じような状況で、別の場所にいるだれかにお土産を持っていこう、というような話をする場合は、

I'm taking her a gift of local fruit.
（彼女には地元の果物を持っていくよ）

などと“take”を使って言えば良い。この場合も「どこ」

から持っていくのかは明白だからだ。同様に、仕事で顧客のところまで書類を持っていく必要があれば、次のように言う。

I will take these documents to the client tomorrow.
(明日、この書類を相手のところまで持っていきます)

相手と別の場所にいる場合

しかし、**相手が自分と同じ場所にいないような場合は、英語の言い方は日本語とは逆になる。**たとえばあなたが電話で話をしていて、相手に「コーヒーを持っていくよ」と伝えたければ、“take”ではなく“bring”を使って、

I'll bring you some coffee.

と言う。なぜか。日本語と異なり、**英語では自分のする行為であっても、それを伝える場合には、あくまで「話し相手のいる場所」を中心とし、その視点に立って述べなければならない。**つまりここであなたがしようとしているのは、「コーヒーを（相手のいる場所＝相手にとっての「ここ」に）持ってくる」、つまり“bring”という行為である。相手のいるところに「持っていく」という日本語の発想から“I'll take you some coffee.”と言うと、相手のいる場所からコーヒーを持ち去るように聞こえてしまう。ここは、意識的に頭を切り換える必要がある。

016 I'll come back by 3:00.

まぎらわしい⑤　go/come

朝、家を出るときに家族同士が交わす普通の挨拶《あいさつ》について考えてみよう。出かけるほうは"I'm off now."とか、"I'm leaving now."あるいは"I'm *going* to work now."(〔仕事に〕行ってきます）などと言う。同時に、"I'll *come* home around 6:00."（6時頃には帰ってくるね）などと言うかもしれない。この場合、出かけるほうも、見送る家族のほうも同じ場所（家）にいるから、「でかける」場合は"go"あるいは"go away"、「帰ってくる」場合は"come"あるいは"come back"などと言う。

職場でも同じだ。お昼前、クライアントに会うために会社を出るときには、"I'll come back by 3:00."（3時には戻ります）などと言う（"I'll be back by 3:00."と"be"を使うこともできる)。

家ではないが同じ場所

しかし、あなたが友達と外で会っていて、「そろそろ帰らなきゃ」と伝えるような場合、"I have to *come* home."などと"come"を用いると間違いになる。**英語では、現在相手と話している場所を起点にして動作・行為を述べるからだ**（前項の「相手と別の場所にいる」場合とまぎらわしいので注意)。ここは家ではないのだから、「帰る」は"*go* home"、帰る先が会社ならば"*go* back to the office"になる。つまり、日本語では常に「帰る」と言って済ませられるような場合も、英語では、あなたと話し相手が「今」どこにいるかによって、動詞を使い分ける必要がある。学校でも仕事先でも、カフェでも、とにかく家を離れた場所で人と話している場合には、"go"を使うのだ。

I've got to go home now.
（家に帰らなくては）

電話の場合

特に注意したいのは電話で話す場合だ。当然ながら電話の相手は自分とは異なる場所にいる。そして、この場合は、前項と同様に相手のいる場所を中心として動詞を使うことになる。たとえば友人と電話していて「今日の午後そっちに行くから」、という場合は、

I'll *come* (to) see you this afternoon.

と、（"go"ではなく）"come"を用いる。相手からすれば、あなたは「来る」ことになるからだ。

"come"と"go"や"bring"と"take"のように組となった動詞を使うときには、**自分と話し相手の「相対的な位置関係」に注意する必要がある。**これは別に相手を尊重しているからでも、また文法上の理由からでもない。ただ、英語ではそうなっている、としか言いようがない。頑張って覚えよう。

017 My teacher makes me do homework.

まぎらわしい⑥ make/let/have

「〜させる」という言い方は、英語では“make” “let” “have”を用いて表現するが、この三つはそれぞれ意味合いが異なる点に注意したい。このうち世界中の英語学習者にもっともよく理解されているのは、“make”だろう。

💬 My teacher makes me do homework.
（私の先生は宿題を出す〔私の先生は私に宿題をやらせる〕）

明確に言っているわけではないが、この文には①学生は誰でも宿題が嫌であり、そのために②教師のほうは多かれ少なかれそれを強制しようとする、という意味合いが込めらている。ここで“make”が使われているのはそのためだ。**同じ「〜させる」でも“let”や“have”にはこのような意味合いはない。**もしここで話し手の学生が“make”ではなく“let”を用いて“My teacher *lets* me do homework.”などと言えば、同級生たちはぎょっとして彼女（あるいは彼）の顔を見るかもしれない。

うれしい“let”

“make”と“let”では使われる状況がまったく異なっていることを、次の文で確認してみよう。

💬 My mother lets me eat ice cream.
（母はアイスクリームを食べさせてくれる〔私が食べるのを許してくれる〕）

"let"を使ったこの文が示しているのは、話し手が①アイスクリームを好きであり、②母親はそれを食べるのを許してくれる、ということだ。**「嫌なこと」を「強制する」"make"に対して、"let"は「好きなこと」を「自由にさせてくれる」という真逆の状況を前提として使われるのである。**

中立の"have"

では、"have"はどのような場合に使うのだろうか？これは、好む好まないにかかわらず、相手が納得した上で「〜させる」場合に使われる、中立な表現である。

💬 My teacher *has* me do homework.
（私の先生は宿題を出す）

教師からすれば、喜んでやってくれる（"let"）とまでは期待しないが、このように"have"を使ってくれれば、たいへん満足である。つまりたとえ建前であっても、学校は、勉強をしたい学生とその勉強を助けたいと思っている教師、という暗黙の前提に基づくものであり、そのようなしかるべき前提にこの"have"はよく合致しているからだ。

018 I got caught in the rain.

日本語と感覚が違う「受動態」

「雨に降られた」という日本語の言い方があるが、英語ネイティブには、これがわからない。「あの子が父親に叱られた」なら"The boy *was scolded by* his father."ということか、と分かる。しかし、**「〜された」と言う場合、誰かその動作をしたものがいるはずだ、というのが英語を話す人間の感覚だ。**別にその動作主は人間でなくとも良くて、あたかもそれに意志があったように表現するならば、「戦争によって私の人生はむちゃくちゃにされた」と言っても良い。しかし、「雨が降る」の「降る」はいわゆる自動詞であって、誰か（何か）に働きかける動詞（他動詞）ではない。"It rained."とは言っても、"It rained me."とは言わないのである。したがって、「〜られた」をそのまま英語の受け身にして、"I got rained on."としても不自然きわまりない。せめて、

I got caught in the rain.
（私は雨につかまった）

と言い換え、"catch"を使って、雨に「誰かをとらえる」という意図があるものと想定して、初めて意味の通じる文章になる。

先を読むのに失敗したという意味？

もしかすると、「降られた」というのは、ただそれが予想外であったことを示すために使われるのかもしれない。この場合、傘を忘れたり、天気予報をチェックしておかなかった、つまり先を読むのに失敗したために、「降られる」ことになってしまった、という意味になる。

このような言い方ならば、“I was caught off-guard.”（私は不意打ちを食らった）という表現が英語にはある。つまり予期しないときに突然驚かされた、あるいは危険な目に遭った、という意味だ。ここから、

💬 I was caught off-guard by the rain.
（私は雨に不意打ちを食らった＝急に雨に降られた）

という表現も可能になるだろう。

能動態と受動態

ややこしい話になってしまったが、ここで言いたいのは、**どうも日本語の受け身と英語の受け身の間には、意味のうえでも用法のうえでも微妙な違いがあるらしい、**ということである。

そのためだろうか、日本人には、それぞれの違いをよく理解しないまま、能動態から受動態に、あるいはその反対に、切り替えてしまう傾向がある。次の項では、どういうときに能動態を使い、どういうときに受動態を使うのか、もう少し詳しく取り上げてみよう。

019 Mistakes were made.

能動態を受動態にすると意味が変わる

実際に経験したことだが、英語教科書の編集者から、“My neighbor will take good care of my cat while I'm away.”という能動態の文を、“Good care will be taken of my cat by my neighbor while I'm away.”というふうに受動態の文にすることは「可能」か、と聞かれたことがある。私は、文法的には可能だろうが、英語としてはまったくひどい文章になってしまう、と答えた。

動作主は重要か？

だいたい元の文章では、「世話をする」という行為の主体（動作主）は「私の隣人」であり、重要なのは「誰が」世話をするのか、ということだ。だからこそ、ここでは“My neighbor”が主語でなくてはならないし、そうすると上記の受動態の形にはできないのである。

もしも“good care”（十分な世話）のほうに重点があるならば、誰がしたのか、という点にはまったく触れずに、

Good care will be taken of my cat while I'm away.
（私がいない間も猫の世話は十分になされるだろう）

とすることはできる。この場合は、留守中も猫の世話は問題ない、という確信を示すことになる。ただし、文章としては、

My cat will be well taken care of.

として、同じ受け身でも猫を主語にしたほうがより明確になる。この場合も、誰がその世話をするのか、という点は重要ではないのだから、省いたほうが良いだろう。

態を変えても意味は同じ？

誰かが間違いを犯したのだが、あえて受動態を使い、

Mistakes were made.
（間違いが起きた）

などと言うことで、「誰が」それをしたのか、という責任の所在を曖昧にすることがある。動作主を省くことで、話し手としては、この場合重要なのは「何が」起きたかということであり、誰かを責めるつもりはない、という点を暗に伝えているとも言える。問題の解決を急ぐ時には、こう言っておいたほうが賢明な場合もあるだろう。

重要なのは、**能動態と受動態のどちらを使ってもまったく同じ意味を伝える訳では決してない**、ということだ。主語を何にするのか、動作主を示すか否か、という選択によって、文の意味合いは微妙に異なり、むしろ話し手の真意をそこに読み取ることすらできるのである。

020 I started working at CS Incorporated in 2010.

「入る」= "enter"ではない場合

日本では4月1日が（皮肉なことにエイプリルフールなのだが）学校では新入生にとって、会社ならば新入社員にとって最初の日となっている。入学であれ入社であれ、日本語では「入」という漢字を使うので、英語でもそのまま"enter"を使って訳す人が多い。確かに日本社会では、入学や入社はある集団の中に「加わり」、その「一員となる」ことを意味するから、"enter"と言ってもおかしくないだろう。

しかし欧米では、個人と集団の関係はもう少し異なっている。また、少なくともアメリカでは、大勢の社員が一斉に「入」社するということはなく、そのために入社式のようなものもない。勤め始める時期はまったくばらばらである。

学校では

では、「入学」についてはどうだろう。確かに"Peter entered Princeton University in 2017."（ピーターは2017年にプリンストン大学に入った）などと"enter"を使うし、また同じ意味で"Peter became a freshman at Princeton in 2017."とか"Peter started his freshman year at Princeton in 2017."などとも言う。

しかし、大学に入ってから何かの課外活動（日本で言う「サークル活動」）を始める場合は、クラブやチームに“enter”するのではなく、“I joined the lacrosse team.”（私はラクロスのチームに入った）などと**“join”**を使う。また、日本では最上級生などが辞める場合に「引退する」などと言うが、英語では“I retired from...”とは言わない。そのような場合でも、ただ“I quit...”もしくは“I dropped out...”などと言う。

会社の場合は

英語では、軍隊に入る場合は、“I joined the Air Force.”（私は空軍に入隊した）と、“join”を使う。会社に入るときも“I joined CS Incorporated.”などと言わないでもないが、“I *started working at* CS Incorporated in 2010.”（2010年からCS社で働きはじめました）とか、“I *went to work for* DT Associates after graduation.”（卒業してDT事務所に勤めました）などと言ったほうが自然な感じがする。

仕事を辞める場合は

辞める場合はどうだろうか。**しばらく勤めた会社を辞める、というような場合は“leave”や“quit”**を使って“I left CS Incorporated five years ago.”（5年前にCS社を辞めました）、“I quit DT Associates and went to work for another firm.”（DT事務所を辞めて別の会社に勤めました）などと言う。日本語では同じ「退職する」だが、英語で“retire”を使うのは、長い間働いてきて、もう働くことそのものをやめるような場合に限られる。

021 Vardaman is not a common name.

「流行っている」= "popular"?

たいていの英語辞書では、単語の意味が複数ある場合は、よく使われる順に並べられている。だから英文を書くときも和英辞書を開いて、最初に出ている単語をつい使ってしまうのも分からないではない。しかし、そのようにして生まれてくるのが、"Influenza is very popular recently."というような誤った文章である。

お分かりになるだろうか。書き手は「インフルエンザが近ごろとても流行っている」と書こうとして辞書を引き、そこで「流行る」「流行っている」の訳語として"popular"を見つけたのである。しかし、残念ながら**「流行っている」という意味で"popular"が使えるのは、ファッションとか、人気の食べ物屋さんなど、人が歓迎するようなものに限られている。**インフルエンザのように誰も歓迎しないものには、"popular"は使えない。では、ということでもう少し辞書を見ていくと"prosper"や"flourish"という語が出てくるかもしれないが、これらもビジネスやレストランが「流行る」場合に限られている。

インフルエンザのような病気が「流行っている」というのは、"is spreading rapidly"や"is going around"を使う。また、いたるところで見られる、という点で、"common"を使うこともできる。

💬 The flu is going around the whole school now.
（インフルエンザが学校全体に広がっている）

💬 Flu is common in the winter time.
（インフルエンザは冬に流行する）

見出し文について言えば、"Vardaman"という名前はどこででも見かけるような名前ではない、という意味で"common"を使っている。ここで"popular"や"going around"を使うのがおかしいことはもう分かっていただけると思う。

有名？　悪名？

同じような例として、「有名」と"famous"がある。日本語では、「そのレストランはサービスが悪いことで有名だ」などと言い、よく知られていればその理由がたとえ良くないことであっても「有名」という言葉を使う。しかし、英語では"famous"は使わず、"notorious"を用いて"The restaurant is notorious for poor customer service."などと言う（なお"infamous"という語もあるが、これは、犯罪や非道徳的な行為によって知られている、という意味で、"famous"の単純な反対語ではない）。

また"famous"と似た形容詞に"well-known"があるが、こちらは価値評価を含まないので、良い場合にも悪い場合にも使える。ただし、"famous"が「誰でも」知っている、という意味で使われるのに対して、"well-known"は、ある程度限定された人の間、あるいは特定の地域で「よく知られている」という意味合いが強い。

022 Ishiguro's novels are highly regarded.

日本語の言い回しを直訳してはダメ

日本語でよく用いる言い回しや決まり文句（クリシェ）をそのまま英語に訳して使ってしまうと、こちらの望まないような誤解をされてしまうことがある。たとえば「高く評価される」をよく"(be) highly evaluated"などと訳して使うことがあるが、英語ネイティブにとっては、これが何を意味しているのかよくわからない。というのも、日本語の「評価する」という言葉には、①物事の価値を見定める、という意味と、②ある物事に価値があることを認める、という二つの意味があるが、英語の"evaluate"や"assess"には②の意味はない。ただ価値を査定するという行為のみを指しているので（evaluateした結果価値がない、ということもありうるので）、それに"highly"を付けても意味をなさないのだ。もし「高く評価される」を英語にするならば、"(be) highly regarded"や"(be) appreciated"などと言うべきである。

Barack is highly regarded in the community.
（バラクはそのコミュニティでは高く評価されている）

Karen's volunteer efforts are appreciated by everyone.
（カレンのボランティア活動は誰からも高い評価を得ている）

「今後とも」は必要？

同じようにそのまま英訳してしまうとかえっておかしくなる言い回しには、「今後」あるいは「今後とも」がある。意味としては“in the future”だろうが、日本語の「今後とも」は、単に自分の決心を強調するためにのみ使われているのではないだろうか。たとえば「今後とも努力を続けたいと思います」を、“We intend to continue our efforts in the future as well.”などと訳すのは、あまりに冗長だ。単に“We intend to continue our efforts.”とすれば良いだろう。

接続語の使い過ぎ

日本語から英語へ翻訳してきた経験に照らして言うならば、日本語では「したがって」「そういうわけで」「その結果」など、文や段落をつなぐ接続語を使う頻度が、英語よりも明らかに高い。そのため、“therefore” “thus” “consequently”と、日本語の接続詞をそのまま訳して用いると、英語では不必要に「くどい」文章になってしまう恐れがある。同様に、「一方」とあれば、すぐ“on the other hand”と訳すのも悪しき例である。日本語の「一方」は軽く「同時に」という意味で使われることも多いからだ。

つまり、ここで言いたいのは、**語句をひとつひとつ、残らず英語に移し替える必要はない**、ということである。英語ではまったく別の表現を用いるかもしれないし、また単に訳す必要がない場合もある。

023　Let's make a list.

「リストアップ」は英語にはない

日本語では「買う物をリストアップしよう」などとよく言うが、残念ながら英語では“list up”とは言わない。こういう和製英語は英語ネイティブを常に迷わせる元なのだが、吾輩がシャーロック・ホームズのごとき明晰な頭脳を働かせて推理するところでは、おそらく「書き上げる」などという日本語からの連想で、「リストアップ」と言うようになったのだろうね、ワトソン君。

名詞の“list”と動詞の“list”

正しい言い方はいろいろあるが、たとえば“list”を名詞として使えば、動詞と組み合わせて次のような言い方ができる。

- Let's make a list.
  （リストを作りましょう）
- We have compiled a list of places to visit in Paris.
  （パリで訪れる場所のリストを作成しました）
- I'm going to draw up a list of new vocabulary words.
  （新出単語のリストを作ろう）

しかし、ここまで工夫しなくとも、単純に“list”を動詞として使えば、次のように簡単に表現できる。

The guidebook lists ten famous sightseeing spots.
（そのガイドブックには有名な観光スポットが10か所挙げられています）

I listed what I needed at the grocery store.
（私はその食料品店で買う物のリストを作りました）

「使える」単語リストとは

「リスト」つながりで言えば、語学学習に単語リストはつきものだ。しかし、ばらばらに単語だけ並んでいるようなリストを覚えても、自分で文を作れるまでにはならない。そこで、**賢い学習者は“make a list”とか“compile a list”というような語句の連なりの中で単語を覚えようとする。**このあとに“of”が続くことが多いと分かれば、“make a list of...”というかたまりで覚えることもできるし、それを使って文を作ってみるとさらに良い。

When I was young, I made a list of major cities I wanted to visit.
（若い頃は行ってみたい大都市のリストをつくったものだ）

Now that I'm old, I make lists of hot springs to visit.
（年老いた今は、行ってみたい温泉のリストを作っている）

024 Drive safely.

的外れの和製英語

「なんちゃって英語表現」とでも言おうか、いわゆる和製英語を目にすると不愉快で、ハラを立てたりしたものだ。しかしそれも昔の話。いまでは隠れた和製英語を探し出し、どのようにしてそれができあがったのだろう、などと推測しては大いに楽しんでいる。

「ドンマイ」と“Safety Drive”

日本に来て暮らし始めたばかりのころ、「ドンマイ」という言葉を聞いても日本語だとばかり思っていた。そのうち誰かからそれが“don't mind”からきている、と教えられて、ずいぶん驚かされた。英語では、「気にするな」という意味で“Don't let it bother you.”とか、場合によっては“Never mind.”などと言うし、応援している仲間がミスしたときに“No problem!”だとか、“Don't swear it!”（悪態をつくな＝腐るな！）などと励ますことはあるが、**“Don't mind.”などとは言わない**からだ。

その次に目についたのは、コマーシャルで使われる“Safety Drive”だった。これは「安全」と「運転」という二つの日本語をそれぞれ英語に直し、それを合体させた結果なのだろうが、どうしてわざわざこんな無茶苦茶な英語を作らなきゃならないのだろうか？　英語では“Drive safely.”などとは言うだろうが、この**“Safety Drive”**

は二つの名詞（あるいは名詞と動詞？）を何も考えずに、あるいはそれぞれが日本語の訳語になっていることだけを考えてつなげたもので、英語として正しく意味をなしているのか、などということは考えられていないのだ。英語のほうが効果があると思って使ったのだろうが、英語学習者を間違いに導き、惑わすという意味で罪深いと言わなければならない。

「持ち主のわからない人」？

ここまでの例に比べればかなり高度（？）だが、私のお気に入りの間違いに、地下鉄のドアに張ってあったステッカーの注意書きがある（今でも古い車両ならば残っているかもしれない）。よくアナウンスでも聞く「不審物を見つけましたらお手を触れずに係員までお申し出ください」という種類のメッセージなのだが、その英語訳に“...any suspicious unclaimed bags or persons”とあったのだ。

これがおかしい（あるいは可笑しい）のは、二つの形容詞が“bags”と“person”の両方を形容してしまうからだ。“any unclaimed bags or suspicious persons”（所有者のいない荷物や不審な人物）ならば問題はないのだが、この例では“suspicious persons”（不審な人物）だけでなく、“unclaimed persons”にも注意を呼びかけていることになる。「持ち主のわからない人」とは何か？見るたびに私は色々想像しては楽しんでいたのだが、その意味では、この間違いには感謝すべきかもしれない。

Column 英語の勉強法

英語の上達に近道はない。毎日、短時間でも良いから集中して学習することが必要だ。1週間何も英語に触れないまま慌てて土曜日1日をかけて勉強するよりも、毎日30分学習したほうが効果的である。

また、文法だけでなく、単語をきちんと「理解」していることも大切だ。ただし、日本語で意味を言えるだけでは、「理解」したことにはならない。その単語がよく使われる形、つまり①語句や②短い文を通じて用法ごと覚えることが必要だ。「かたまり」で覚えれば、そのまま使えるし、応用も可能になる。他の単語も一緒に覚えることができるし、そもそも文法の間違いを気にする必要もない。

ずっと感じているのだが、日本人の学習者は実際に使う以前に文法を「学びすぎて」いる。たとえば時制を完璧に習得しないと英語を書いたり話したりできない、などということはない。現在形、現在進行形、過去形、現在完了形、未来形くらいが使えれば、まず日常の会話には困らない。他の時制、たとえば過去進行形などは、あとで覚えれば良い。

もちろん、単語や文法の理解は言語習得の基礎をなす。この土台をおろそかにすると、その上に何を建ててもおぼつかないものになる。あせることはない。ゆっくりと、しかし確実に進んでいこう。

第2章

会話を豊かにする表現

025 How do you do?

初対面の挨拶のコツ

「はじめまして」という初対面の挨拶は“How do you do?”だと習った人もいるだろう。しかし一方で、実はこれは古い言い方でネイティブ・スピーカーはもう使わないなどと耳にしたことがある人もいるかもしれない。少し整理してみよう。

「おうむ返し」は避けよう

日本語ならば初対面のときお互いが「はじめまして」と同じ言葉を繰り返しても問題はない。しかし英語の場合は、“How do you do?”とまったく**「おうむ返し」に繰り返すと、気持ちがこもっていないように取られてしまう。**初対面からそう思われてしまっては確かに困る。

どの言語でも、初対面同士を紹介する（あるいは自己紹介する）ときのやりとりというのは神経を使うものだ。英語では、できるだけ、相手が用いた表現をそのまま繰り返さないように気をつける。“How do you do?”と繰り返しても間違いではないのだが、たとえば“It's a pleasure to meet you.”（お会いできて幸いです）などと表現を変えたほうがより望ましいだろう。

別の言い方も知っておこう

要するに、“How do you do?”が古臭いかどうか、ということよりも、お互い挨拶する時に、相手とは別の言い方を使えるかどうか、という問題なのだ。次のような別の表現を少なくとも一つは覚えておいて、相手とは違う言い方で挨拶を返すことができるようにしておきたい。

It's a pleasure to meet you.
（お会いできて幸いです）

I'm very happy to meet you.
（お会いできてとてもうれしいです）

さりげなくて上手な答え方

もちろん、堅苦しくない場面ならば、うなずいたり短い言葉を返すだけでも良い。ただ、そういうときでも「おうむ返し」は避けたいものだ。

A: Hi, nice to meet you.
（やあ、どうぞよろしく）
B: Same here.
（こちらこそ）

A: Hi. I'm John.
（ジョンと言います。よろしく）
B: Nice to meet you, John. I'm Maria.
（はじめまして、ジョンさん。マリアと言います）

つまり、**決まり文句を避ける必要はないけれども、できるだけ相手とは違った言葉で返すこと、**これが初対面の挨拶のコツである。

026 I was raised in Kagoshima.

自己紹介でのポイント

自己紹介で重要なことは、自分についての情報を相手に与えて、その後に会話が続くようにすることである。隠しておきたいことまで無理して話す必要はないが、何かとっかかりとなるようなことを言わないと、会話は続かない。ひょっとしたら日本語の自己紹介ではこの点はあまり重視されていないのかもしれないし、英語でのおしゃべりが苦手だ、と言う人が多い理由もそこにあるのかもしれない。たとえば、こんな風に話を始めたとしよう。

Hello. My name is Takuma Saito. I'm happy to meet you.
（こんにちは。斎藤琢磨といいます。はじめまして）

何も間違ったことは言っていない。しかし同時に、何の話のタネも提供していないことも確かだ。だから相手も、

It's a pleasure to meet you, Mr. Saito. I'm John Adams.
（はじめまして、斎藤さん。ジョン・アダムズです）

と返すだけで、結局お互いの名前を知るだけに終わってしまう。しかし名前を知っただけで何になるというのだ

ろう。チャーチルとかケネディとか徳川だったらともかく、名前が何か会話の糸口を与えるとは思われない。

相手を促す

このような場合は、一方が言葉を継いで「どちらからいらしたのですか」と尋ねることがある。もし、このように聞かれたら、単に「日本です」などと答えるだけでなく、日本のどのあたりから来たのかという情報を付け加えたい。

I'm from Japan. I was born and raised in a small town near Osaka.
（日本から来ました。大阪の近くの小さな町で生まれ育ちました）

このように**相手から聞かれている以上のことを言えば、「もっとあなたとお話ししたいのです」という気持ちを伝えることができる。**

"grew up" か "be raised" か

英文法を厳格に守ろうとする人たちは、"raise" は家畜や穀物を育てる、という場合にしか使わないと言うだろう。しかし、特にアメリカ英語では、普通に「育てる」という意味で "raise a child" とか "be raised" を使う。したがって、「ニューヨークで育った」であれば、"I *grew up* in New York City." と言っても良いし、"*I was raised* in New York City." と言っても構わない。

027　How about a cup of coffee?

“How about...?”はすごく便利な表現

なにか提案する場合、いつも“Would you like...?”（～はいかがでしょうか）などと丁寧な表現を用いる必要はない。友達や同僚が相手なら、“How about...?”（～はどうかな）などと、ややくだけた言い方をしても良い。

この“How about...?”という提案の形は、実にいろいろな場合に用いることができる。

How about going on a picnic?
（ピクニックに行かない？）

How about taking a break?
（ちょっと休まない？）

How about a rain check?
（また今度にしてもらえない？）

※“〔take〕a rain check”「今回は遠慮する」

別の案を示すとき

すこし異なった使い方として、“How about...?”は、新たな案を示すときにも用いられる。たとえば、仕事のプロジェクト・リーダーを誰にするか相談しているときに、名前を出し、続けてその理由を言うような場合だ。

💬 How about Adam?
（アダムはどうかな？）

相手に話を振るとき

他にも便利な使い道がある。たとえば相手と話しているときにどうも自分ばかり話しているような気がしたら、

💬 How about you?
（君はどうなの／どう思う？）

と言って相手に話を振れば良い。ただし、脈略もなく突然こう聞かれても相手は困ってしまうので、たとえば

💬 I've been really busy recently. How about you?
（ここのところ無茶苦茶忙しくってさあ。君はどう？）

などと話の流れがわかるようにする必要がある。同様に、"Do you like basketball?" などといきなり聞かずに、

💬 I enjoy playing basketball. How about you?
（僕はバスケットボールをするのが好きなんだ。君はどう？）

という風に尋ねれば、相手も戸惑うことなく、"I'm not into basketball, but I love tennis."（バスケットボールはそれほど好きじゃないな。でもテニスは大好き）などと答えることができる。

028 Do you mind if I close the window?

許可するなら“No.”と答える

“Do you mind if I close the window?”（窓を閉めてもよろしいでしょうか？）のように“mind”を使って聞かれた場合、どう答えたらいいのか戸惑ってしまう日本人は多いようだ。“Is it okay if...”、つまり「～してもよろしいですか？」と聞かれているようについ思ってしまい、「いいですよ」と言うつもりで“Yes.”と答えてしまいがちだが、それではいけない。“Do you mind if...”は、「～するのはお嫌ですか／～すると差し障りがありますか」という意味で、もしこれに対して“Yes.”と答えると、まったく反対の意味、「いえ、困ります＝そんなことはしないでください」という拒絶になってしまう。

お嫌でなければ

このように“mind”を使って尋ねられた場合、**もし問題がなければ、“No, I don't mind.”（ええ、構いませんよ）と答えれば良い。**それで、“Yes, please feel free to do so.”（ええ、どうぞお好きなようになさってください）という意味になる。

実際には、“mind”という言葉を避けて相手に返事をし、許可を与える場合もある。たとえば窓を閉めても構わないかと聞かれたら、

💬 No problem. Go ahead.
(大丈夫ですよ。どうぞ)

💬 Sure. Feel free to close it.
(もちろん。どうぞご自由に)

などと答えても同じ「構いませんよ」という意味になる。“Do you mind if...”と尋ねられて“Sure.”と答えると、“Yes, I mind.”と答えているようだが、しかし、実際の状況でそんな誤解をする人はいない。

許可の与え方

他にも少しやりとりの例を示しておこう。

💬 A: Do you mind if I join you?
(ご一緒してよろしいですか?)
B: Not at all! Please have a seat!
(ええ、どうぞどうぞ! おかけください)

💬 A: Do you mind if we change our meeting time?
(会議の時間ですが、変更してもいいですか?)
B: That's not a problem. When would you like to meet?
(構いませんよ。何時にしましょうか?)

この“Do you...”の部分を“Would you...”に変え、“Would you mind if we change our meeting time?”と言えば、より丁寧に相手を気遣った表現になる。

029 I'll bet...

よく聞くけど、案外知られていない表現

友人同士の会話。ニューヨーク出身の一人がボストン出身の相手に次のように言ったとしよう。

I'll bet you ten dollars that the Yankees beat the Red Sox on Saturday.
(10ドル賭けてもいいさ。土曜日の試合はヤンキースの勝ち、レッドソックスの負け)

10ドルとはわずかな賭け金だが、しかし、そもそもここでは実際に賭けをしているわけではない。「10ドル」という金額を取り去っても、ほとんど意味は変わらない。

「自信」の示し方

"bet"は賭け事から生まれた言葉だが、今では単に自信のほどを示すために用いられる。"I'll bet you that…"(賭けてもいいけどね)と言っても、単に話し手が自分の言うことに確信があることを示しているに過ぎない。だから、"I'll bet you that..."を縮めて

I'll bet...
(絶対〜だよ)

と言ってもまったく同じ。会話では、“I bet.” も “I'll bet.” も “I'm sure that's true.” や “I can understand why that is the case.” と同様に「間違いなく本当だよ」という意味になる。たとえば、同じ職場の二人がこっそり微笑みを交わしているのを目撃し、ピンと来て「付き合ってるな」と思ったら、他の同僚に、

I'll bet (you)(that) they're seeing each other.
（絶対あの二人は付き合ってるって）

などと言ったりする。また、相手の言うことへの同意、同感を示すために用いることもある。

A: I was relieved to hear I got the job!
（採用が決まったと知って心底ほっとしたね）
B: I bet!
（わかるよ、その気持ち！）

「どういたしまして」という意味の “You bet.”

くだけた会話では、相手にお礼を言われて、**「どういたしまして」という意味で “You bet.” と言うことがある。**

A: Thanks for picking up coffee.
（コーヒー取りに行ってくれてありがとう）
B: You bet.
（いいえ、どういたしまして）

030 I don't know.

疑念を表すこともできる

「今日、雨降るのかな？」と聞かれて、まだ天気予報を見ても聞いてもいなければ、ただ"I don't know."と答えれば良いだろう。単純に聞かれているのだから、知らなければ、知らない、"I don't know."と答えるだけだ。

疑念を表す"I don't know."

しかし、"I don't know."が違う意味を持つ場合もある。たとえば「投資としてビットコインを買うってのはどうかな？」と聞かれたとする。それに対してちょっと首をかしげ、ゆっくりと、"I don't know."と（"don't"で少し上げて最後に下げるような調子で）答えたならば、これは、**「それはどうかなあ」という疑念を表す言い方**になる。つまり同じ"I don't know"でも、

I don't know if that's a good idea.
（それが良い考えだと言えるかなぁ）

I don't know if what you said is true.
（あなたのおっしゃったこと、本当ですかねぇ）

というように、単純に「知らない」というのとはまったく異なった意味合いを伝えることになるのである。

当たり前の話だが、これが書き言葉になると、書き手

も読者もただ文字を頼りに意味を伝え合うしかない。音声面での手がかり、つまり声のトーンやイントネーション、強調、といった判断材料は与えられていないからだ。もちろんその場合も、文脈によくよく注意を払えば、“I don't know”が、単純に「知らない」という事実を伝えているのではなく、「疑わしいね」という書き手の意見や判断を伝えていることが分かるはずだ。

疑いを示すような相づち

この“I don't know”の例に似ているが、「相づち」を打っているようで、実は相手に100%同意しているわけではなく、むしろためらいや疑いを示している場合がある。

Well...Let me think it over.
（そうですねぇ。これはよく考えてみないと）

Hmmm. That may be true.
（うーん、そうかもしれませんけどねぇ）

他にも、たとえば“I'm not so sure (about that).”（それはどんなものですかねぇ）とか“Do you really think that's a good idea?”（本当にそれが良い案だとお思いでしょうか）などと、**真っ向から否定するのではなく、あいまいな応答を通じて疑念やためらいを示す方法**はいくらでもある。自分の立場や意見を伝えるために、必ずしも“direct”（そのままずばり）と、“frank”（率直）かつ“straightforward”（ストレートに）言わなければならないわけではない。

031 How do you like school?

会話をふくらませる質問のコツ

質問には二通りあって、答え方がある程度限定されているものと、どのように答えても良いものに分けられる。たとえば“Do you want some coffee?”という質問は前者で、答えは“Yes, please.”か“No, thanks.”のどちらかにほぼ決まっている。

しかし、普段の会話の中で“Do you...?”で尋ね、YesかNoで答える、というやりとりばかり繰り返しているのは、いささか単調で退屈だ。**もっと会話を面白くするためにも、相手が長く答える必要があるような質問をしたい。**たとえて言えば、ドアを広く開けて相手がこちらに入ってきやすくなるような質問だ。たとえば、“What do [did] you think of...?”で始める。“What do you think of the plan?”（この案はどう思いますか？）とか“What did you think of the lecture?”（この講義どう思う？）などと聞いてみよう。こう聞けば（こちらがどう思っているかは示していないので）相手も形にとらわれず、思うまま様々な答え方をしてくれるはずだ。

“How do you like...?”と尋ねる

How do you like school?
（学校はどうですか）

これは、小中高大を問わず、生徒や学生によくする質問である。特に相手が生徒（学生）であること以外はほとんど知らないような場合、こう聞くことで会話の糸口を作ることができる。もちろん、別に明瞭な答えを期待しているわけではない。“All right, I guess.”（まあ問題ありません）とか“It's okay.”（ええ、楽しんでます）というようなおざなりで曖昧な答えが返ってくることが多いだろうが、それで構わない。ともかく会話のとっかかりを作ることが目的だからだ。

この形は、他にも“How do you like your new job?”（新しい仕事はどう？）とか“How do you like Japan?”（日本[での暮らし／旅]はいかがですか？）などとよく使われる。相手はどう答えても良いし、うまくいけば、詳しく答えてくれて、そこから話が広がる可能性もある。その意味で、**“Do you like...?”よりは、“How do you like...?”と尋ねるほうがはるかに良い**だろう。

これに似た形として、

How do you like your eggs cooked?
（卵はどのようにいたしましょうか？）

と相手の好みを聞く尋ね方もある。ちなみにこの場合は、目玉焼きなら“over easy”（半熟両面焼き）、“over well”（両面固焼き）、“sunny-side up”（半熟片面焼き）など、ゆで卵なら“hard-boiled”（固ゆで）、“soft-boiled”（半熟）、“poached”（落とし卵で）などと答えればよい。

032 Me too.

文法規則が「絶対」ではない

2017年、様々なセクシャルハラスメント、パワーハラスメントの犠牲者に対して、支援と連帯を示そうという“Me Too運動”に火がついた。

普段の会話で

この“Me too”は普段の会話の中でも、賛成や共感を短く伝えるために頻繁に用いられる。文法の専門家ならば、“I too.”と言うかもしれないが、実際には誰もそうは言わない。“Me too.”である。これはいわゆる**「文法規則」よりも「実際の用法」が優先されている好例**だろう。

日本語でも「私も」という言葉が使われるが、言語を問わずここには興味深い問題がある。たとえば、

A: “I love you.”
(あなたを愛しています)
B: “Me too.”
(私も〔あなたを愛しています〕)

という会話を考えてみよう。BのほうがAと同じ気持ちを持っている（ことを表明している）点については異論はないだろう。しかし、この場合も文法規則を厳密に適用するならば、“Me too.”の意味は、“I love me [myself], too.”となってしまう。これが“I love ice cream.”とAが言って、Bが“Me too.”と答えたのであれば何の問題もないのだが、“I love you.”とAが言った以上、ここで“you”が指すのはBのことになってしまうからだ。しかし、実際に愛の告白をして、相手が「私も私を愛しています」と答えるなどと誰が思うだろうか！　文法書がなんと言おうが、“Me too.”がここでは正解である。

状況・意見の共有

“Me too.”はお互いが状況や意見を共有していることを確認するためにも使われる。

A: “I'm hungry.”
（お腹が空いた）
B: “Me too. Let's go to lunch now.”
（私も。ねえ、お昼にしましょう）

A: “I thought the Monet exhibit was excellent.”
（今回のモネ展は素晴らしかったわね）
B: “Me too. It was really extensive, too.”
（僕もそう思う。点数も本当に多くて色々な作品が見られたしね）

アドバイスとして付け加えておけば、上の二つの会話例にあるように、**答える方は“Me too.”だけで終わらせないようにしたい**。“Me too.”だけでは会話がそこで途切れ、そっけない感じが否めない。なにか一言二言付け加えて、さらに会話が続くようにしたいものだ。

033 I'm sorry.

日本人が大好きな "sorry"

日本語の「すみません」や「ごめんなさい」、また「失礼しました」には実にいろいろな使い方があり、それぞれ意味も異なるが、英語の "sorry" も同じだ。すべてがすべて自分の非を認めるために使われるわけではない。

もちろん、**"sorry" が一番よく用いられるのは、自分がしたことを後悔して謝る場合**である。たとえば人ごみの中で他人にぶつかってしまったときには、"I'm sorry." とか、"I'm sorry. I don't mean to bump into you." （すみません。わざとじゃないんです）などと言う。

お待たせして申し訳ありません

もう少し大きな過ちの場合は、"I'm sorry." に付け足して、何について謝っているのかを言葉にする。たとえば人を待たせたような場合は "I'm sorry to have kept you waiting." や "I apologize for making you wait." と言えば良い。さらに重大な過失のときは、その理由（原因）も明確に述べる。ただ「申し訳ない」と言うだけでなく、"I'm sorry I kept you waiting. I was stuck in a traffic jam." （お待たせして申し訳ありませんでした。渋滞につかまってしまいまして）などと、**どうしてそのようなことになったのか、原因を述べることが重要だ。**少なくとも英語では、その説明を「言い逃れ」とは受け取らない。この点は、とかくそのような原因の説明を「言い訳」として嫌い、省略しがちな日本語の場合と大きく異なるところだろう。過失の原因を伝える他の例も見てみよう。

- I'm sorry I didn't reply to your email earlier. I was busy all day yesterday.
  (Eメールのお返事が遅れて申し訳ありません。昨日は終日仕事に追われておりまして)
- I'm sorry that I missed your birthday. I completely forgot.
  (君の誕生日、お祝いも言わずにごめんなさい。頭からすっぽり抜け落ちてたんだ)

まったく別の使い方

"I'm sorry."には、謝罪とはまったく別の使い方がある。たとえば他の人が何か不幸や不運に見舞われたことを知った場合、"I'm sorry to hear..."(お気の毒に、~とお聞きしたのですが)と切り出せば、**相手に対する同情や哀れみを示す**ことになる。決して謝罪ではない。同様に、"I'm sorry (to hear) you don't feel well."(お加減がよろしくないそうで)と言うことで、相手の健康を気遣い、お見舞いの気持ちを伝えることができる。また相手の母親が亡くなったような場合には、"I'm sorry to hear about your mother."(お母様のことお聞きしました。残念なことで)と言えば、非常に短く、しかし十分な形で、相手へのお悔やみを告げ、同情の気持ちを示すことができる。この使い方は是非とも覚えておきたい。

034 Here you go.

何かを渡すときに使いたい表現

人に何かを渡すとき、日本語の「どうぞ」という意味で、つい "Please." と言ってしまう人がいる。しかし、これは英語としてはちょっと違和感がある言い方だ。**「どうぞ」にあたる英語は、場合によって様々であり、とりあえず何でも "Please." で済ませるのは避けたほうがよいのである。**

もちろん、"Please." に少し言葉を補えば、状況にあった言い方になる。たとえば箱入りのチョコレートを差し出して「おひとつどうぞ」と言うつもりで、

💬 Please have one. / Please take one.

などと言うのならば良いが、"Please." と言っただけでは十分ではない。

依頼に応じる場合

今度は逆の場合。他人に頼まれて何かを渡すときも、日本語では「どうぞ」と言うが、この場合も "Please." ではおかしい。

💬 Here you go. / There you go.

もしくは、

Here you are. / There you are.

を使う。さらに、より親しい関係ならば、“Here.”（はい、これ）で済ませることもあるし、もっとぞんざいに、たとえばうるさい弟なんかに渡すときには、“There!”（ほらよ！）などと言うこともある。

なお、“Here you go. / Here you are.” のように “here” を用いる場合と、“There you go. / There you are.” のように “there” を用いる場合があるが、どちらを使っても構わない。実際ネイティブ・スピーカーでも、何か違いを意識して使い分けているわけではないのだ。

贈り物をする

たとえば友達に誕生日のプレゼントを渡すような場合、“Here you go.” とさりげない感じで言うのも良いが、

This is for you. Happy Birthday!

とはっきり言ったほうが、むしろ何のお祝いかはっきりして気持ちが伝わるだろう。

言い方で意味も変わる

なお、同じ “There you go.” でも、イントネーションを変えれば別の意味になる。試合で得点したり、なにか試験に受かった人に対して、**“There you go!” と力を込めて言えば、「やったね！」という意味になる。**是非とも覚えておこう。

035 Thank you for waiting.

"Thank"のさまざまな使い方

日本語の場合、誰かにお礼を言う場合は、「どうも」から「ありがとうざいます」まで、感謝の度合い、または丁寧さによって言い方を変えるのが普通だ。これは英語でも同じで、丁寧さの度合いに比例して、

- Thanks.
- Thank you.
- Thank you very much.

と言い方が変わる。ただし、これは非常に一般的なお礼の言葉であって、「何に対するお礼か」ということには触れていない。もちろんそれが状況から明らかな場合、たとえばコーヒーを運んでくれたような場合は、"Thanks." でも "Thank you." でも全く問題はない。

何に対するお礼か

また、お互いが何のことを言っているのかが分かっているような場合であれば、"Thank you for the other day." と曖昧に言っても良いだろう。日本語の「この間はお世話様でした」という言い方と同じだ。しかし、通常の場合は、次の各文のように、**何に対するお礼なのかをきちんと伝えたほうが良い**だろう。

💬 Thanks for helping me yesterday.
（昨日は手伝ってくれてありがとう）

💬 Thank you for waiting.
（待ってくれてありがとう）

💬 Thank you for making time to see me today.
（本日はお時間をいただきありがとうございます）

これはお詫びする場合も同じで、英語では何についてお詫びしているのかを明確にすることが求められる。感謝する場合も、**自分が何に感謝しているかをきちんと述べれば、より心がこもっているように聞こえる**はずだ。

Thank を使った変わり種

誰か特定の人について感謝するのではなく、自分の気持ちを強く表現するために“thank”が使われる例がある。

💬 Thank heavens we've finished today's work.
（やれやれ、やっと今日の仕事が終わったぞ）

💬 Thank God you're safe!
（〔相手が〕無事で良かった！）

💬 Thank goodness it's Friday.
（やれやれやっと金曜日だぜ）

最後の表現は“TGIF”と略されることがある。学期中、毎日厳しい課題に追われるアメリカの大学生が口にする“TGIF”には、実感がこもっている。

036 Are you kidding?

「マジ?」と驚きを表す

ふだん話をしていて、時々相手が冗談で言っているのか、それとも本気で事実を言っているのか、分からないことがある。**それを確かめるときに、英語では “kid”（かつぐ、だます）を動詞として用いる**（ただし、これはくだけた表現なので、公的な場面や目上の人の前では避けたほうが無難だろう）。

不信の表現は驚きの表現

友達から、「宝くじで１等が当たったんだ」と言われたとする。まず思うのは、かつがれているんじゃないか、ということだ。そこで、相手には、

You won the lottery?　You're kidding!
（宝くじが当たったって？　冗談でしょ！）

とか、“Are you kidding?”（マジ？）とか“No kidding!”（またまたー）などと言って、自分が信じられないでいることを伝え、本当かどうか確かめようとするはずだ。

しかし、これは同時に**「相手の言うことが信じられないくらい驚いている」という自分の気持ちも伝えている**ことになる。本書の訳者は非常に熱心な野球ファンで、いつ勉強するのだろうと思うくらい野球中継を見ている

が、彼によればエンジェルスの大谷翔平選手がすごいホームランを打ったとき、解説者は“Are you kidding me!”と叫んだそうだ。もちろん、これは大谷選手に事実確認を求めているわけではない。強い驚きの表現である。

本当？　冗談？

本当かどうか聞かれ、それに答える場合にも“kid”は使われる。前出の宝くじの質問に“I'm not kidding.”と言えば、“I really won.”（本当に当たったんだってば）という意味になる。また、聞かれるより先に、最後に“I kid you not.”（これ、冗談じゃないのよ）と付け足して言うこともある。変な言い方だが、このほうが強調している感じが出る。

一方、もし本当に相手をかつごうとしたのであれば、相手を驚かせたり、不審に思わせたりした末に、“I'm just kidding.”（冗談だってば）と打ち明けることになるだろう。また、こんなふうに友達同士いつも冗談を言い合い、お互いにでたらめを言ってはそれを楽しんでいるような場合、それを指して“They *kid around* a lot.”（彼らはいつもふざけあってるよ）と言うこともある。

なお、日本語では、“Are you kidding?”と同じような感じで「嘘でしょう？」とか、他人に対しても軽く「まったく嘘つきなんだから」などと言ったりするが、これをそのまま“lie”とか“liar”と英語にして使ってはいけない。**英語の“lie”や“liar”は、「嘘」よりももっと重い、強い非難を込めた言葉**なのだ。決して冗談にはならない。

037 Please give my best wishes to Mr. Sato.

「よろしく」をどう表すか

日本語を学ぼうとする外国人がすぐ覚える言葉に「よろしく」がある。普段の生活で頻繁に使われ、しかも実に様々な用い方ができるからだ。たとえば**初対面のときも「初めまして。どうぞよろしくお願いします」と「よろしく」を使う。**これを英語に訳せば、

It's a pleasure to meet you.

もしくは、

I'm very happy to meet you.

になるだろう(相手と違う言い方をするのが大切)。

「よろしくお伝えください」

会話の最後にも「よろしく」が使われる。相手の家族や知人でこちらも知っている人に「どうぞよろしくお伝えください」と言うような場合だ。英語だと、

Please give my best wishes [best regards] to Mr. Sato.
(佐藤さんにどうぞよろしくお伝えください)

などと言うし、また、友人ならばこう言っても良い。

💬 Say hi to Tom for me.
（トムによろしく言っといて）

曖昧な表現

中には、**どうしても英語に訳せないような「よろしく」**もある。私の見るところ、そういう場合は実は本人ですら、どういう意味で「よろしく」と言っているかはっきりとは分かっていないことが多い。

以前、ある高名な学者の本を英訳したことがある。出版社の人間や英訳担当の編集者なども含めて何度も打ち合わせを行ったのだが、最後の会議が終わると、彼は「あとはよろしくお願いします！」と言って部屋を出ていった。私はこれを、

💬 I'll leave the rest up to you.
（あとのことはあなたたちにお任せします）

という意味に受け取った。つまり最後の細かい詰めは、あなたたちに一任する、著者である自分にも相談する必要はないということだと思ったのである。

しかしその後、残った私たちが次の手順について打ち合わせようとしたところ、この「お任せします」という意味についてはそれぞれがまったく違った受け止め方をしていることが分かったのである。

日本人同士でも曖昧なまま使われる「よろしく」。英訳が困難なのも無理はないと思うのだが。

038 I caught cold.

「風邪をひいた」は何て言う?

日本人で時折“I catch a cold.”とか“I'm catching a cold.”と言う人に出会う。見ると鼻先が赤らんでいたり、声がかすれていたりするから、何を言おうとしているかは明らかに分かる。しかし、英語としてはちょっとおかしいと言わざるを得ない。

まず、**“I catch a cold.”というのは意味をなさない。**“I eat food, I drink water, and I breathe air.”と同様に「いつもしていること」、つまり日常の行為として「風邪をひいている」わけではないからだ。正しくは、

I have a cold.
（風邪をひいている）

と言うべきである。これならば、現在風邪の症状が出ているとか、インフルエンザにかかっているという意味になる。また、

I caught (a) cold.
（風邪をひいた）

と言っても良い。“catch a cold”とは、「風邪をひく」という、ある時点での行為（出来事）を示すものであっ

て、継続する状態を示すものではないからだ。つまり、風邪を“catch”した結果として、風邪を“have”（ひいている）わけである。水分をたっぷりとって、たっぷり睡眠をとれば、やがて“get over your cold”（風邪を治す）ことができるだろう。

“catching a cold”とは？

では、“I'm catching a cold.”はどうだろう。たとえば“I think I'm catching a cold.”ならば、「風邪をひきかけているんじゃないかと思う」という意味になって理解できる。つまり**“I'm catching a cold”とは、まだ風邪かどうかわからないような段階を示し、今「風邪をひいている」という意味にはならない**のである。

このように時制の選択には難しいところがあるが、その混乱にさらに拍車をかけているのが、かの有名なファストフードチェーンのキャッチコピー、“i'm lovin' it®”である。“I”を小文字にしたり、“loving”の“g”を省略しているのはともかくとして、問題はここで現在進行形が使われている点だ。文法書はもちろん、一般的な使い方としても、“love”や“like”といった動詞は“be+...ing”という進行形にはしない。

しかし、この会社が、正しい用法を知らずに間違いを犯したというわけではないだろう。確かにこのコピーには“catchy”（人の注意をひく）なところがある。ちょっと変な使い方であるからこそ心に残るのだし、だからこそ会社もこのコピーを使い続けているのだろう。もちろん、真似する必要はない。

039 I'll pick you up at the station.

句動詞をとにかく覚える

動詞を使った熟語（phrasal verbs：句動詞）がよく使われるのは、英語の大きな特徴と言って良いだろう。特に会話では、頻繁に用いられる句動詞の意味がわからないと、苦労することになる。たとえば、“pick” という動詞は、基本的な意味は「選ぶ」だが、“pick up (something)” には “lift”、つまり拾い上げるという意味がある。しかし、「拾い上げる」のはモノだけではない。

What time shall I pick you up.
（何時に迎えに行きましょうか）

日本語でも「目白駅前で課長を拾って」などと言うし、最近ではそのまま「ピックアップする」と使う人もいるようだが、この “pick (someone) up” や、あるいは “pick up (someone)” のように目的語が人になると、（車で）迎えに行く、という意味になる。

良い辞書をうまく使う

では、次の文はどういう意味だろうか。

That kid picks on little kids all the time.

使われる状況からおおよそ見当がつく場合もあるだろうが、やはり辞書できちんと確認しておきたい。その辞書も用例のついた辞書でなければならないし、また最初の例だけ見て判断してもいけない。探している意味は、最後の用例として出ているかもしれないのだ。この場合“pick on (someone)”には、「人をからかっていたぶる」という意味があてはまる（例文の意味は「その子どもはいつも年下の子どもたちをいたぶっている」）。

同じ「選ぶ」にしても

“pick”という動詞の基本的な意味は“pick strawberries”のように、物理的に物を集める、という意味だが、これが“pick out”となると、非常に多くのものから一つ選ぶ、という意味になる。たとえば果物売り場で“pick out the best beaches”と言えば、たくさん並んでいる物をひとつひとつ丁寧に見ていって一番良い物を選ぶ、ということだ。これに対して、もしあなたが閉店間際に来て、他の客がすでに“pick out”した後だったら、“be picked over”を使って、“By the time I got there, the goods had been picked over.”（着いたころには、めぼしい商品は買われたあとだった）と表現することができる。

このように句動詞は数が多く、また見た目も似ているので、苦手に感じる人も多いだろう。しかし、**実際の会話では普通に句動詞が使われる。面倒がらず、例文で実際の使い方を確かめながら覚えていこう。**

040 There's no need to worry about that.

アドバイスでよく使う表現

何かが「ある」ということを示す"There is..."という表現が、同時に何かが「ない」ことを示すために用いられるのは、なんだか納得がいかない気がするかもしれない。しかしながら、"There is no..."［There's no...］と始めれば、それに続くモノや事柄が「存在しない」ということをはっきりと示すことができる。たとえば、

There's no (such thing as a) free lunch.
（ただの昼メシ、なんてものはない）

という文は一種のことわざとして用いられ、"Nothing is really free."（本当にただのものなんてありえない)、つまり何だってお金はかかるし、人からお昼をごちそうになったら、その人には恩義が生じて何らかの形で「お返し」しなければならなくなる、という意味になる。

アドバイスとして

同様に、**"There's no ..."で始まる形を使って人に忠告を与えることも多い**。何かを始めようとしている人がいて、しかしあなたにはそれが時間の無駄としか思われない場合、

💬 There is no sense in trying.
（やっても意味ないよ）

と言って労力を惜しむように忠告することがある。こう言えば、相手に対して、「あなたがやろうとしていることは私には不可能に思われる」、あるいは「成功の確率はきわめて低いだろう」という気持ちも伝えることができる。

また、何かやり始めてみたけれどもそれがどんな結果になるのか見当もつかない、ということを言いたければ、

💬 There's no way to tell.
（なんとも言えないね）

と表現するし、逆に、どうなるか分からなくて心配している人を気遣って、

💬 There's no need to worry about that.
（そんなに心配することないと思うよ）

と述べることもできる。このような表現は、どちらも話し手の意見や推測を示しているけれども、別に確信を持って断言しているわけではない。もちろん続けて、そのように思う根拠を述べる必要はあるだろうが、しかし、まずこのように言っておいてから話を始めるという場面はとても多い。

041　Did you want another glass of wine?

丁寧表現としての「過去形」

単純過去時制とは、過去において現われた行為、状態、場面などを表すために用いる……などと言うと「馬から落ちて落馬した」のように当たり前すぎてかえっておかしく聞こえるかもしれない。

丁寧表現としての過去

しかし、“want”や“need”などの動詞を使った表現では、過去のことでもないのに、過去時制が用いられることがある。「過去でもないのに過去形？」と不思議に思われるかもしれないが、これらの動詞を使った場合、過去形の疑問文（did + want/need）であるにもかかわらず、現在のことを指して尋ねている場合があるのだ。

たとえば、テイクアウトのできるカフェで、レジ係の店員が次のように客に尋ねることがある。

Did you want room for milk?
Did you need your receipt?

この二つの文は、別に過去の出来事について尋ねているわけではない。それぞれを訳せば、「ミルクをいれるスペースは必要でしたでしょうか？」「レシートはご入り用でしたでしょうか？」という意味になる。日本語でもそうだが、これらは客の過去における願望や必要を聞いているのではない。ただ、現在形で尋ねるとやや直截的すぎるような感じがするので、**過去形を使ってより丁寧な印象を与えようとしているのである。**これは特に敬意表現というわけでもない。
（最初の例文は、客に後からミルクやクリームを入れる分のスペースを残したほうが良いかを尋ねるもの）

その答え方

このような質問は、**あくまで丁寧さを出すために過去形にされたものだから、それに過去形で答える必要はない。**以下のように、場面に応じた様々な答え方がある。

A: Did you want milk in your coffee?
（ミルクはご入り用でしたか）
B: No thanks.
（いえ、結構です）※"No, I didn't."ではない

A: Did you want a bag for that?
（袋はご入用でしたか）
B: No, I'm fine.
（いや、大丈夫です）※"No, I didn't."とは言わない

A: Did you want that for here or to take out?
（こちらでお召し上がりですか、それともお持ち帰りですか）
B: To go, please.
（持ち帰りでお願いします）
※"For here, please."とも言う

042 I was wondering if you could help me.

丁寧にお願いをしたいときに

何かを考えてもよく分からないとき、またあることが本当かどうか、とか、何が起こるのだろうと思っているようなときは、"wonder"のあとに"who/why/if/how/what"をつけて、次のように話す。

I wonder who that man is.
（あの人は誰かしら）

She quit her job? I wonder why.
（彼女、仕事辞めたって？　なぜだろう）

I wonder if it will rain this afternoon.
（午後から降るのかなあ）

これらは単純に疑問や興味があることを伝える文だ。それ以外に特別な意味合いはない。

丁寧なお願い

しかし話し言葉では、**他人に丁寧にお願いするときに"wonder"を使うことがある。**それも次のように"I wonder"と"I was wondering"の二通りの言い方がある。

I wonder if you could help me.
（ちょっと手伝っていただけませんか）

I was wondering if you could help me.
（できれば手助けをお願いしたいのですが）

この二つを比べると、後者のほうがほんの少し丁寧に聞こえるだろう。いずれも、まずこのように話しかけてから、相手に何をしてほしいのかを伝える。

“I'm wondering”と“I was wondering”の違い

“I *was* wondering”ではなく、現在進行形の“I'*m* wondering”のほうは、自分が何かをかなり強く疑っていることを示すために用いられる。たとえば、“I'm wondering whether he's suitable for this job.”（彼はこの仕事に向いているかしらねぇ）と言えば、話し手は彼が不適任だとはっきり思っていることになる。時制が過去進行形と現在進行形では意味がまったく違ってしまうのだ。十分気をつけたいところである。

“I was wondering”のほうに戻れば、この表現は丁寧に人を誘いたいときにも使われる。

I was wondering if you'd like to have dinner together next Friday.
（次の金曜日あたりにお食事をご一緒できないかな、と思っていたんですが）

過去進行形にすることで、単にその場の思いつきではなく、前々からそのように願っていた、ということを示し、いっそう丁寧な感じを出すことができる。

043 I'd like to have hot coffee, please.

注文で無礼にならないために

普通のレストランに比べれば、ファストフード店はぐっとくだけた雰囲気だが、それでも注文をするときに"I want..."と始めるのは、ちょっとぶしつけな感じがする。お願いする、という感じがなく、客であるにしても高圧的に聞こえるからだ。もちろん"Give me a hamburger/cola."などと注文する客もいるが、これは論外。真似してはいけない。こういう店では、カウンターの店員より客のほうが立場的に上なのは事実だが、それに乗っかって、私の言うことに従いなさい、と言わんばかりの言葉遣いをするのは、実にはしたないものだ。

ものを頼むときの言い方

このような状況では、**お互いが知り合いでもなければ、"I would like..."の短縮形である"I'd like..."を使い、次のように注文すると良いだろう。**

I'd like to have hot coffee, please.

最後の"please"も忘れたくないところだ。

同じことは他人に何か頼む場合にも言える。たとえあなたに依頼する権利（事情）があり、相手がその依頼に応ずべき立場にあったとしても、相手が当然それをして

くれるだろう、と思っているような態度を示してはいけない。あくまで自分の希望を述べている、という形で、

I'd like to ask you to help with the preparations for the meeting.
（会議の準備の手伝いをお願いしたいのですが）

などと言うべきだろう。たとえば上司が部下に言う場合でも、"I'd like to ask you to..." と依頼の形をとったほうが穏当だし、また効果的でもある。部下にしてもお願いされたほうが気持ち良く仕事ができるからだ。

自分の好みを言う

何を食べたいか、いつにしたいか、などと人に聞かれた場合も、"I would" の短縮形である "I'd" を使って答えるとより丁寧になる。

If we have a choice, I'd rather have Italian for lunch.
（選べるのなら、ランチはイタリアンのほうがいいですね）

I'd prefer to go on Monday instead of Tuesday.
（できれば火曜日よりは月曜日のほうがありがたいのですが）

後の文では、"I prefer..." を "I'd prefer..." にするだけで丁寧な感じが出る。

044 I don't care for beer.

相手に配慮しながら「嫌い」を伝える

一般にアメリカ人は、"I love chocolate cake!" というように何かが「大好き」だと人に言うのが「大好き」だが、これが**嫌いなものとなると、それについて明らかにするのをためらう傾向にある。**"I *hate* green beans."（青豆は大嫌いです）と言っても良さそうなものだが、なぜか大人のアメリカ人ははっきりそう言わずにぼかした表現を使おうとする。この傾向は、食べ物だけでなくスポーツのチームでもそうだし、他人への評価ともなると、明らかに避けているのがわかる（もちろん、アメリカ人といっても様々だし、また場合にもよるので、これはあくまで全体的な傾向である。子どもたちは、成長するにつれて"hate"という言葉を避けることを覚えていく）。

もちろん"hate"を"dislike"に替えて、もう少し穏やかに感情を表すこともできるのだが、それでもまだ強すぎる。"don't like"、つまり「好きではない」と言ったほうが無難だろう。なぜそれが無難かを説明するのはなかなか難しいのだが。

配慮した言い方

人と話しているときは、相手の意見や好み、価値観などと真正面から衝突するような強い言い方は避けたいものだ。その場合は、次のような言い方を参考にすると良いかもしれない。

I don't care for beer.
（あまりビールは得意じゃなくて）
I'm not really fond of beer.
（ビールが特に好きってわけでもないんですよ）
I'm not too crazy about beer.
（ビールに目がないってほどでもないですね）

要は相手が本当にビール好きだと分かっていたら、それを腐《くさ》すようなことを言って不快にするようなことは避ける、ということだ。**余計なことは言わず、ただビールが特に好きな飲み物とは言えない、とだけ伝えれば良い。**もちろん友人との間でならば、また食べ物のような軽い話題ならば特に気にするまでもないだろうが、ただの知り合いだったり、色々な人と一緒のときにはやはり気を遣ったほうがいいだろう。

尋ねる場合も

友人と店でビールとかコーヒーを飲んでいて、おかわりをするかどうか尋ねることがある。もちろん"Like another one?"（もう１杯いく〔飲む〕？）と、くだけた言い方もできるが、同じことを、"Would you care for another beer?"とか"Would you care for another cup of coffee?"などと、もう少し柔らかく尋ねることもできる。こういう言い方をしても、それで会話が急によそよそしくなる心配はない。

045 Are you free on Friday night?

相手を不快にさせない誘い方

日本では、いきなり相手に「金曜の夜は空いていますか？」と尋ねても失礼には当たらないかもしれない。

しかし英語では、人を誘おうとしてまず特定の日時の都合を尋ねるようなことはしない。“Are you free...?”(～は空いてますか？）と聞かれると、相手の意図も分からないままに、自分の都合を答えなければならない。これは正直不愉快なものである。実際、空いているかいないかは、何に誘われるかによって違ってくるものだ。クラシック音楽が好きならば、コンサートに誘われるのはうれしいけれど、野球の試合に誘われたならば、そのような用事のためには時間は「空いていない」からだ。

解決法

このように相手を困らせないためには、**尋ねるときに、できるだけ相手に（断るための）逃げ道を作ってやることが大切だ。**

I don't know whether you are interested or not, but...
（興味がおありかどうかわかりませんが、実は～）

などと前置きをしてから、“There's a performance of

Beethoven chamber music on Friday night at 7:00."（金曜の夜7時からベートーヴェンの室内楽のコンサートがあるんですが）などと誘いたいイベントとその日時を伝え、"I have an extra ticket."（実はチケットが余ってましてね）と誘う理由を述べてから、"John and I are going."（ジョンと一緒に行くつもりなんですが）などと言い添え、"And I wondered if you'd like to join us."（あなたもご一緒にどうかと思いまして）と伝える。そしてそのようにすべての情報を与えた上で、"Are you free on Friday night?"と尋ねるならば、まったく問題はない。

断り方の色々

　では、このように丁寧に誘われたとして、それを失礼なく断るにはどうすれば良いだろう。すでに用事があるならばそう伝えれば良いし、単に気が進まない場合も、

💬 *I'm afraid* I already have plans for Friday.
（悪いけれど金曜はすることがあって）

などと曖昧な形で答えておけば良い。ジョンが嫌いだから行きたくない、などと言う必要はないし、金曜に「すること」の内容を言わなくても良い。ただ、**断った後に、次のように付け加えることがとても大切だ。**

💬 But thank you very much for the invitation.
（でも、誘ってくださって本当にありがとう）

046 That's fine with me.

"Okay."で済ませない

"Okay"（あるいは"Ok"、"OK"）という言葉は、日本語ばかりか、世界中のほとんどの言語で、普通に使われている。日本語ならば、「はい」とか「いいですよ」、また「そうですね」など様々な言い方にあたるが、会話でも書き言葉でも使える便利な言葉だ。ただし英語では、言い方（イントネーション）にもよるが、会話の状況や話し相手との上下関係によって、使うのを控えたほうが良い場合もある。というのも、この**"Okay"は単に同意するだけでなく、相手に許可を与えるという意味合いで使われることがあるので、いわゆる目上の人に対して使うとやや不都合な場合もある**からだ。

では、"Okay"の他に、どんな言い方ができるだろうか。

確認の言葉

仕事などで、相手から確認を求められたような場合は、単に"Okay."で済ませるのではなく、

💬 That's correct.

と答えるほうが、丁寧で間違いがないだろう（なお、余談だが"Okay"もしくは"O.K."の語源は"all correct"の綴りをわざと違えて"Oll Korrect"にしたものだ、とい

う説もある)。

話を意思確認に戻せば、“Are you available on Friday?”（金曜日のご都合はいかがですか？）などと尋ねられた場合も、“Yes, I am.”（はい、空いております）と明確に答えたほうが相手も安心できるだろう。

同意の方法

日取りを指定されて会議への参加や面会を求められたような場合、または仕事の締め切り日を打診されたような場合は、“That's okay.”（ええ、よろしいですよ）と応じても良いが、自分としてもそれで問題はない、満足だということをよりはっきり伝えるためには、

That's fine with me.
（ええ、それで結構です）

と返事をしたほうがより適切だろう。

“Okay.” が失礼になる場合

何度かあるのだが、「コーヒーをいれてきましょう」などとこちらが申し出たのに対して、相手から日本語風に「オッケ」と返されたことがある。うーん、日本語ではそれで「オッケ」かもしれないが、こういう場合英語では“Thanks.”とか“Would you, please?”（あ、そうですか、お願いします）と言うんだがなあ、と思ったものだ。なんでも“Okay.”で済ませれば良いというものではない。

047 Yes, ma’am. & Yes, sir.

敬意を表すためにつける

日本語にはあれほど多くの丁寧表現や、敬意を表す言い方があるのに、英語で他人に丁寧に呼びかける時に使う二つの言葉、つまり男性に対する“sir”と女性に対する“ma’am”（“madam”の略）に相当する言い方がないのは、不思議でやや皮肉なことにも思われる。

アメリカの南部で育ったので、私は、目上の人、特に年上の人に呼びかけるときには、敬意を示す意味で“sir”や“ma’am”を付けるようにと教わった。その後、私が国内でも別の地域に住んだりしているうちにこの習慣は薄れてきたようだが、それでもいまだに南部のほうでは比較的よく使われていると思う。

“sir” “ma’am”をつける場合

一方、地域を問わず、このような敬意表現をつけることが基本となっている場合がある。たとえば軍隊では、上官に呼びかけるときには必ず“sir”もしくは“ma’am”をつけなければならない。上官には男性も女性もいるから、常に“Yes, sir!”や“No, sir!”もしくは“Yes, ma’am!”や“No, ma’am.”と答えなければならない。同様に、店やレストラン、ホテルなどでも客に対してこの表現を使うが、これは一つには、**相手の名前を知らない場合でも、丁寧に呼びかけていることがわかるようにするため**であ

る。たとえばホテルの受付は、

Would you please sign here, ma’am?
（お客様、こちらにサインをいただけますでしょうか）

と言い、レストランでは、

Ma’am, would you like another cup of coffee?
（お客様、コーヒーのおかわりはいかがですか）

と尋ね、デパートの店員は客の支払いがすむと、

Thank you, sir.

と礼を言う。

書き言葉では

フォーマルな文書やビジネス上の手紙では、宛名として特定の名前ではなく、代わりに“Sir or Madam”を使うことがある（この場合“Ma’am”は使わない）。たとえば会社に宛てて手紙を書くとき、誰がそれを見るかわからないような場合は、“Dear Sir:”もしくは“Dear Sirs:”、あるいは“Dear Sir or Madam:”とすれば良い。イギリス英語では、階級の問題から“sir”や“ma’am”の使い方にも少し別のルールがあるようだが、アメリカ英語の場合は、これらはただ丁寧な表現として一般に用いられている。

048 We were so tired we fell asleep immediately.

"so...that..."の"that"省略

カントリー歌手のハンク・ウィリアムズ（Hank Williams）が孤独を歌った名曲に"I'm so lonesome I could cry."というのがある。ちょっと変な文だな、と思うようだったら、これに一語加えて"I'm so lonesome that I could cry."とすれば、「寂しくて、泣けてくる」という意味がはっきりするだろう。"so...that..."は英語学習者にはおなじみの構文である。しかし、**会話ではこの"that"が省略されることが多い。なくても"so...that..."だろうとだいたい分かるからだ。**

言わなくてもわかる"that"

同様に"that"が省かれる例を見てみよう。

💬 We were so tired (that) we fell asleep immediately.
（私たちは疲れきっていて、たちまち眠りに落ちた）

💬 He's so tall (that) he stands out in any crowd.
（彼はとても背が高くて、どんな人混みでも目立つ）

では、"that"がなくても分かるのなら、いつも省略してしまって良いものだろうか？　もちろん、それは場合による。

“so”以下の長さがポイント

まずポイントとなるのは、“so”と“that”の間に入る部分の長さだ。ここが長くなると、文全体が“so...that...”構文であることが見えにくくなる。たとえば、“She's *so* intellectually gifted and artistically creative *that* everyone admires her.”（彼女はとても知性があり、芸術的な創造力に秀でているので、誰もが賞賛を惜しまない）という文だと、“so”と“that”の間の情報量が多い。そのため“that”を入れて、どこが「原因あるいは根拠」でどこからがその「結果」なのかを、聞き手にわかりやすく示す必要がある。

しかし、前ページの各例文のような場合“so”の後に続くのは形容詞一語だけで、情報量としても少ない。まず聞き手が文意を追えないということはないので、“that”は省略しても構わないだろう。

もう一つ省略の理由を挙げるならば、会話の場合はイントネーションやトーンの変化によって意味を補うことができるため、特に必要ではない語を省くことがよくある。逆に言えば、書き言葉の場合は、くだけたEメールでもない限り、“that”は省略しないほうが良いだろう。

日本人が英語を話す場合によくあるのは

ちなみに、日本人は“I was so surprised.”のように、“very”の代わりに“so”を使うことが多い。間違いではないが、聞いているほうはつい、このあとに“that”以下の部分が続くものと待ち構えてしまう。つまりそのくらいこの“so...that...”構文はよく使われるのである。

049 I'm too tired to go out to dinner tonight.

"to"以下の「理由」がポイント

形容詞や副詞の前につける"too"には、「とても」と訳せるような「程度が甚《はなは》だしい」という意味があるが、しかしそれだけではない。**この語には、何かをするのに、それが必要とする程度、あるいは容認できる限度を超えてしまっている、という否定的な意味合いが常に込められている。**したがって、"I'm too tired."（僕は疲れすぎている）という文は、"I'm very tired."（僕はとても疲れている）とまったく同じ意味ではない。"I'm too tired."だけで通じるのは、どのようなことをするには「疲れすぎている」かが、状況から相手にも分かるような場合だけだ。たとえば誰かに食事に誘われて、その返事として言うならばこれだけでも良い。言わずとも、「疲れすぎて（誘いには乗れない）」ということが分かるからだ。

必ず理由を添える

人から「今日はどこにご飯を食べに行こうか」などと聞かれた場合は、"too...to..."の構文を使って、

I'm too tired to go out to dinner tonight.
（疲れすぎてて、今晩は外に食べに行けないよ）

と、**どうして"to..."以下の行為が不可能なのか、その理**

由（状況＝疲れすぎている）を伝える必要がある。

“to...”以下がつかない場合

もちろん、いつも“too...”の後に“to...”が続くわけではない。“The dinner cruise is too expensive.”（そのディナークルーズは高すぎるね）と言えば、おそらく相場とくらべて高すぎると言っているのだろうし、また、“There's too much noise in this coffee shop!”（このカフェはうるさすぎるわ）と言えば、騒音の程度があまりに甚だしいと強調するために“too”を使っていることがわかる。“My jacket is too small for me now, because I've put on weight.”（太ったものだから、この上着はもう小さすぎるよ）と言えば、もちろん「自分が着るには」小さすぎるのである。つまり、**たとえ漠然としていても、なぜ“too”を使うのか、相手にも不審に思われなければ“to...”以下を省いても構わない。**

この“too”に使い方が似ているのが“so”である（前項参照）。“too...”と言えば、その後に“to...”と続くことが期待されるように、“so...”と言われたら、聞く方は“that ...”という結果を示す部分が続くだろうと思う。その点で、単なる“very...”とは根本的に異なっているのだ。いきなり“I'm too busy today.”とだけ言われると、相手は「なにをするには忙しすぎるの？」と思い、“This university has so many students.”と言われると、「それで、どんな問題が生じているわけ？」と説明を期待する。それが与えられないと、聞くほうはなんだか宙づりにあったような気持ちにさせられてしまうのだ。

050 She graduated from Stanford.

ネイティブだからといって信用しない

英語の先生は日本人よりもネイティブ・スピーカーのほうが良い、と堅く信じている学生がいるが、同様に自分が書いた英語の文章を母語話者に見てもらう、いわゆる「ネイティブチェック」をしてもらったからもう安心、と思ってしまう人は多い。しかし、残念なことにすべての「ネイティブ・スピーカー」が適切に「チェック」を行うだけの知識を持っているわけではないし、細かいところまで直してくれるほど親切とは限らない。あなたの書いたものを見て、オーケーと言ってくれるかもしれないが、必ずしもそれは、もう文句なし、活字にしても良い、直しようがない、というような意味ではない。

典型的な例

さらに言えば、同じネイティブ・スピーカーでも、単語の意味を厳密に定め、文法規則に厳格に従おうとする「完全主義者」がいる一方で、厳密には誤った表現でも、それがよく使われていて意味もおよそ通じるならばそれで構わないと思っている人もいる。たとえば、“graduate”という動詞の使い方一つとっても、「完全主義者」は、

💬 She was graduated from Stanford University.
（彼女はスタンフォード大学を卒業した）

というように“was graduated from”という受け身の形しか認めない。しかし、大半の人は、“graduate”を自動詞として用い、

She graduated from Stanford University.

と言う。ここで大切なのは、**文法は固定されたものではなく、また言語は「規則」に厳格に従って用いられるわけではない**、ということだ。むしろ言語は常に変化しており、そのために文法書に書かれていることは、常に実際に使用されている姿からは数歩遅れてしまっている、というか、そうならざるを得ない。もちろん、トレンドになっている使い方が最も正しい、というわけではない。表現も文法の形も時とともに変わり、消え去ることもあるということだ。「規則」よりも「一般的な用法」が大切だというのは、そういう意味で言っているのである。

どこで線を引くか

しかし、もしあなたがチェックを頼んだネイティブ・スピーカーが“She graduated Cambridge.”でも良い、と言ったら、別の人を探したほうが良いだろう。確かにアメリカ英語では“Stanford University graduated one hundred chemical engineers last year.”（スタンフォード大学は昨年だけで100人の科学技術者を卒業させた）というように、大学のほうを主語にして言うことがある。しかし、人間を主語にすることは考えられない。

Column 言外の意味を読む方法

普通、日本語の「難しいですね」は、「難しいけれどできるかもしれない」という意味では使われない。「お断りします」とか「無理です」と理解する必要があるし、また「検討させていただきます」は、たいていは「特に何もしません」という意味になる。

もちろん同じようなことは英語にもある。たとえば“That's not bad.”（悪くない）はほとんどの場合“That's good.”（いいねー）という意味で使われる。また反対に、“That's very interesting.”（とても面白いですね）と言いながら、実は“I'm not impressed.”（別になんとも思わないな）とか、場合によっては“That's nonsense.”（くだらないなぁ）ということを意味することすらある。

こんな例を挙げると、過剰に不安になってしまうかもしれない。加えて、このような「言外の意」は、イギリスとアメリカで異なったり、年齢によって違っていたりもする。

しかし、もちろん相手の真意をさぐる手がかりはある。言葉の調子やイントネーション、また相手の表情や身振りなどに注意を払えば、「言葉通り」の意味ではないことは察せられる。コミュニケーションのための言語であるからこそ、状況全体をとらえて「空気を読む」ことが必要になるのである。

第3章

知っておきたい文法とルール

051 Kazuo Ishiguro has written many novels.

「現在完了形」と「過去形」の違いを知る

英語には、同じ過去を表すにもいくつかの時制がある。「過去形、現在完了形、現在完了進行形」などとまぎらわしい用語を覚え、writeならばそれぞれ“wrote, have written, have been writing”となると習ったけれども、しかし実際にどのような場合にどの時制を使えば良いのかよく分からない、という人は少なくないだろう。

続いているか否か、が問題

Kazuo Ishiguro has written many novels.
（カズオ・イシグロは多くの小説を書いた）

という文を見てみよう。ここで使われている“has written”は①カズオ・イシグロは**「過去のある時点」から小説を書き始め**（それがいつか、は重要ではない）②**今もまだ書いている**、ということを示す。しかし、

Kazuo Ishiguro wrote many novels.

となると、①カズオ・イシグロはすでに死んでいる、もしくは②生きているがもはや小説を書いてはいない、という意味合いになる。まだまだカズオ・イシグロが小説

を書いていて、今後さらに小説を発表する可能性があるならば、“has written”を使わなければいけない。

過去形の意味するもの

　実は同じようなことが現在形と過去形の間にも言える。

Yamanaka's research shows that iPS cells can be used in various ways.
（山中の研究はiPS細胞にはさまざまな利用法があることを示している）

という文では、“shows”は、山中の研究は現時点において有効である、という事実を示している。これに対して、

Yamanaka's research showed that iPS cells can be used in various ways.
（山中の研究はiPS細胞には様々な利用法があることを示していた）

とすると、山中の研究は**過去のある時点では重要だったが、現在では必ずしも重要ではない、場合によっては有効なものですらない**という意味合いになる。もし、山中が過去に発表した研究が正しいもので、そして現在も有効である、ということを示したければ、動詞の形を“has shown”に変えて現在完了形にする必要がある。現在完了形は常に「現在」について述べているのだ。

052 I used to play tennis.

過去の経験を表すときに便利

過去に関することを聞かれたら、たいていは過去形で答える。たとえばテニスをしたことがあるか、と聞かれたら、高校時代だとか大学時代だとか特定の期間を示しながら、次のように答えることが多いだろう。

When I was in high school, I played tennis.
（高校のときにテニスをやってました）

このような過去形の文では「やっていた」という事実「のみ」を示している。それ以上のことは何も伝えていない。

情報を付加する言い方

しかし、同じ質問に対して、動詞を次の文のような形にして答えることがある……というか、よくある。

I used to play tennis.
（以前はテニスをやってました）

このように“used to”に動詞をつけて言う形は、単純過去形をつかった文章からは得られない様々な情報をもたらす。まずその行為や出来事（この場合はテニスをプレーしていたということ）が過去において定期的に、あるいは常になされていたということ。つまり一度だけではなく、何度も習慣的に行われていたということを示す。また、“used to”を使うと、その行為や出来事が、現在では行われていないということを明確に示す文となる。つまり、**かつてはかなりの頻度で行われていたが、今ではまったくやっていない**、という意味になる。単純に過去形で“I played.”と言った場合は、このような付加的な情報はいっさい含まれていない。

“used to be...”

動詞だけではない。“used to be”につづけて“slender”（やせている）、“shy toward strangers”（人見知りな）、“a fan of Nirvana”（ニルヴァーナのファン）など形容詞（句）や名詞（句）をつければ、「かつては〜であったが、今はそうではない」ということを表現できる。

💬 We used to be good friends.
（昔はいい友達だったんだけれどね）

💬 She used to be popular with the boys in school.
（彼女も学生時代は男の子たちに人気があったんだが）

最初の例は（少なくとも）「今はそんなに付き合っていない」、次の例は「今は特にもてない」ということを含意している。この**“used to”が便利なのは、なにか言いにくい場合に、すべて言わずに済むという点**にある。“I used to be slim.”と言えば、続けて“...now I'm overweight.”（でも今は太っている）と言う必要はない。

053 I shall return!

意志と提案の“shall”

自信家で有名だったマッカーサー将軍。指揮していた軍がフィリピンから撤退を余儀なくされても、「いったんはここを去るが、必ずや戻ってきてこの国を取り返す」と言い放ったことでよく知られている。さて、このとき彼は英語でどのように言ったのだろう？ “I will definitely return!”……ではなかった。“I shall return!”と“shall”を使ったのである。

さらに、かつてアメリカの黒人たちは、平等の権利を得るための戦いの中、このように叫んでその強い決意を示した。“We shall overcome!”

意志を表す“shall”

これらの“shall”は、強い確信や意志を示すために用いられる。特別な場面でなくとも、何か強調したいときに“shall”が使われることがある。たとえば別れ際に相手から、“Please let me know the next time you are in town.”（次に町に出てくるときには知らせてね）と言われて、「きっとそうします」という強い意志を示すときには、“I shall.”と答える。“I will.”でもまったく問題はないのだが、“shall”を使うことで、本心からそう思っている、という印象を与えることができる。

申し出や提案をするときの“shall”

他にも、**“shall”を使って申し出や提案を行う場合がある。**たとえば同じ部屋にいる人が、どうも暑がっていると感じたら、

Shall I open the window?
（窓を開けましょうか？）

と申し出れば良い。“Do you want me to...?”と単純な形でも良いが、“Shall I...?”を使ったほうがより丁寧に聞こえるだろう。また、何か提案する場合も、

Shall we eat out tonight?
（今晩食事に行きませんか？）

と言えば、「そちらのお気持ち次第ですがいかがでしょう」という感じを表すことができる。“Would you like to eat out tonight?”というのも丁寧な尋ね方ではあるが、“Shall we...?”と“we”を使ったほうが、いかがでしょうか、と相手に相談する気持ちを込めることができる。

他にも、次のように**“shall”を使って、お互いの計画や予定を相談することができる。**

How shall we go to the party—by subway or by taxi?
（パーティー会場までどうやって行きましょう。地下鉄にしますか？　それともタクシー？）

054 Almost everyone came to the party.

"Almost"と"Hardly"の使い方

"almost"という語は「とても近いけれどもそこまではいっていない」という意味を持つ。たとえば"It's almost lunchtime."と言えば、「あともう少しでお昼だ」という待ち遠しい気持ちを表すことができる。

また、父親が"almost sixty"と言えば、今は50代後半でもうすぐ60歳に手が届く、という意味合いになる。誰かが"almost fell on the ice"したのならば、氷の上で足をすべらせて倒れるかと思われたけれども、なんとか持ちこたえた、ということになる。

"almost"とペアになる言葉

このように単独で使われるだけでなく、"almost"が別の言葉と一緒に用いられて意味をなす場合もある。"almost every"や"almost all"がその典型的な例で、たとえば"Almost every person I know enjoys sports."（僕の知り合いはたいていスポーツが好きだ）とは言えても、"Almost my friends..."と"almost"単独では使えない。**必ずあとに"every"や"all"、あるいは"none"など、程度や範囲を示す言葉が続く。**つまり"my friends"のうち、「どこまでの範囲」に対する"almost"なのかを明らかにする必要がある。したがって、

💬 *Almost all* of my friends play tennis.
（友達のほとんどはテニスをする）

などと言わなければならない。なお、会話ではこの“of”が省略されることがあり、また、“I almost always eat ramen for lunch.”（お昼はたいていラーメンです）というように、副詞の前では“of”を用いない。

“Almost”と“Hardly”の使い分け

この“almost”を“no/nobody/never/nothing”のような否定を表す語の前に用いて“Almost no one came to the party.”（ほとんど誰もそのパーティーには来なかった）と言うこともできなくはない。「できなくはない」という言い方をするのは、こういう場合はたいてい次のように、**“hardly”プラス“any/anybody/ever/anything”という表現を用いる**からだ。

💬 Hardly anyone came to the meeting.
（その会議にはほとんど誰も現われなかった）

“almost”よりも“hardly”が使われるのは、“I hardly ever drink wine with dinner.”（食事のときにワインを飲むことはほとんどない）というように、“hardly”を使うことで文全体が否定的な意味合いを持っていることが明らかに伝わるためである。

055 From now on, I'll be more careful.

「今から」= "from now" ではない

日本語の「今から」を英語でどう訳すか、という質問に答えるのは簡単ではない。単純に "from now" と訳せば良いわけではなく、正確に訳すためには、「今から」の後にどのような文が続くのかを知る必要があるからだ。

まず、**現在を起点として漠然とした未来について語るならば、"on" をつけて "from now on" とすれば問題はない**。たとえば何か間違いをして人に謝るときには、

From now on, I'll be more careful.
（これからはもっと気をつけます）

と言えば、今からただちに、そして今後はずっと「もっと気をつける」という意味になる。

期間を限定するとき

しかし、「今から1年後」などと、限定した時点を示す場合の「今から」はどう言えば良いだろう？　この場合は "a year from now" と時間を先に出して言えば良いのだが、「今から1年以内に」と言うときには "within the next year" となる（"the" を必ずつけること）。これは現在から12か月後までの間の期間という意味だが、"now" は用いない。次の二つの例文を比べてみてほしい。

💬 One year from now, I'll be working in Hong Kong.
（今から1年後、私は香港で働きます）

💬 Within the next year, I have to improve my English ability.
（今から1年以内に英語を上達させなければならない）

「今」を起点としない場合

ここまでは「今」（現時点）を起点とする例を見てきた。これに対して、それ以外の時点つまり**過去や未来を起点としてその先のことを述べる場合は "from now" や "from now on" ではなく、"after that" や "from then on" を用いる。**

たとえば中学校を卒業した日を起点にするならば、

💬 Seven years after that, I graduated from college.
（それから7年後、私は大学を卒業した）

とする。"after that" の "that" は時間上のある一点を示すもので、この言い方は未来についても用いることができる。もし、卒業以来、ずっと続いていることを示したいのならば、"From then on" を使って次のように言う。

💬 From then on, I have attended every annual alumni reunion.
（それ以来、私は同窓会にはすべて出席してきました）

056 I was late because of heavy traffic.

“because”の正しい使い方

ある出来事がなぜ起きたのか、**その理由を説明するためにもっともよく使われるのは、“because...”である。** たとえば遅刻した理由が交通渋滞であれば、

I was late because traffic was heavy.
（渋滞していて遅れました）

と言う。同時に、この理由を文ではなく、名詞句を用いて示すこともできる。見出しの文がそうだ。ここでは“because of”のあとに“heavy traffic”という名詞句を置くことで理由を示している。

また、“because of”の代わりに“due to”を使うこともできる。もちろんこの場合も後ろに置かれるのは名詞句でなければならない。

The accident was due to reckless driving.
（その事故は無謀な運転によって起きた）

この場合、書き手は「誰が」事故を起こしたか、ということよりも、「何が」事故を引き起こしたか、直接の原因のほうに関心があることになる。

理由の示し方

原因を示すためには、文章を“The reason is...”と始めても良いが、この場合よくあるのは“The reason is...”に続けて“because...”を使ってしまう誤りである。正しくは“that”を用いて、

The reason I'm late is that traffic was heavy.
（遅刻した理由は道が混んでいたからです）

とする。この文章は“The reason why I'm late is...”から“why”が省略されたものと考えると、より分かりやすい。実際、“why”は省略されることのほうが多い。

The reason he's blue is that his girlfriend is away on a business trip.
（彼が憂鬱なのはガールフレンドが出張でいないからです）

“because”の使い方――よくある間違い

会話ならば、“Why were you late?”と尋ねられて、“Because traffic was heavy.”と答えることはよくある。しかし、これは完結した文ではないことに注意したい。書き言葉では、前に“It is”をつけて、“It is because traffic was heavy.”（道が混んでいたからなんです）とする必要がある。よくある間違いの一つだ。

057 They have a three-year-old son.

複合形容詞の使い方

英語で、人やモノについて描写（説明）したり形容したりする方法には二種類ある。一つは対象となる人やモノを文の主語にし、次にBe動詞を置いて、それから描写（説明）部分を続ける方法だ。

- The restaurant is first come, first served.
  （そのレストランでは客には来店順に応対しています）
- The boy is three years old.
  （その男の子は3歳です）
- That information is up to date.
  （あの情報は最新のものです）

複合形容詞の例

二番目の方法は、人やモノの前に形容する語句を置くやり方だ。このとき、形容のために用いる言葉が、意味としては一つだが複数の語から成り立っている場合には、以下のように**それぞれの語をハイフンで結んでひとつの形容詞のように用いる**（これを「複合形容詞：compound adjective」と呼ぶ）。いくつか例を見てみよう。

・an on-the-spot decision（即断）
・on a first-come-first-served basis（先着順で）

・delicious vine-ripened tomatoes（うまい完熟トマト）
・a 300-page book（300頁の本）
・an off-the-record comment（オフレコのコメント）
・up-to-date information（最新の情報）

使うときの注意点

複合形容詞を使う場合にはいくつか注意すべき点がある。たとえば“Their son is three years old.”を複合形容詞を使って表す場合は“years”を単数にして、“They have a three-year-old son.”となる。

また、このように長くなりがちな**複合形容詞を名詞の前に使う場合は、できるかぎり重複を避けることが望ましい**。たとえば、“left-handed and right-handed athletes”（左利きの選手と右利きの選手）という場合も、“left- and right-handed athletes”と“handed”の繰り返しを避ける。同様に、「1年生担任の先生と2年生担任の先生」と言う場合は、“first- and second-grade teachers”とする。なお日本語ではこのような場合「1・2年生の担任の先生」などと「・」（ナカグロ）記号を用いるが、英語では使わない。

もう一つ注意点を述べるならば、“highly regarded person”（高く評価されている人）のように、“-ly”で終わる副詞を含む場合は、ハイフンで結ぶことはしない。

最後に、ハイフンで結ばれた複合形容詞は全体で一つの意味を持っている点に注意したい。“little-used car”と言えば「ほとんど使われていない車」だが、“little used car”は「小さな中古車」という意味になる。

058 I like bananas because they are delicious, nutritious, and conducive to sleep.

等位接続詞の使い方

本題に入る前に、ちょっと確認しておこう。英語では同じ乗り物でも、バスや電車、飛行機や船など広くて平らな床のうえに「乗る」場合は前置詞に“on”を使い、車やタクシーなど狭い空間に「乗り込む」ような場合は“in”を使う。つまりバスに乗るときは“get on a bus”で降りるときは“get off (of) a bus”となり、これが車だとそれぞれ“get in a car”、“get out of a car”となる。

等位接続詞とは

さて、そこで本題だが、“and”や“or”など、二つのものを等しくつなげる役割をする言葉を「等位接続詞」(coordinating conjunction)という。この場合「等しい」というのは、**結びつける語がともに同じ品詞、つまり一方が形容詞ならもう一方も形容詞、一つが名詞ならばもう一つも名詞でなければならない**ということだ。

ちょっと回りくどい言い方になってしまったので、不適当な例を挙げてみよう。たとえば“I like bananas because they are delicious, nutrition, and they help me sleep.”(おいしいし、栄養があるし、食べるとよく眠れるのでバナナが好きだ)という文は、良い英文とは言えない。“because”以下、“and”によって“delicious”(形容詞)、“nutrition”(名詞)、そして“they help me sleep"（文）と、てんでばらばらな要素が結ばれているからだ。この場合、たとえば後ろの二つを書き換え、

I like bananas because they are delicious, nutritious, and conducive to sleep.
（おいしいし、栄養もあるし、睡眠にも良いのでバナナが好きだ）

と、形容詞（句）を並べる形にすれば良い。

前置詞の配置

同じことは、最初に見たような"*in* a car"や"*on* a bus"といったものの前置詞についても言える。たとえば"You can buy bananas at the supermarket, the farmers' market, and from roadside stands."（バナナはスーパーでも直売所でも道路沿いの売店でも買えます）という文。最初のスーパーには"at"がついているが、次の農産物直売所には何も前置詞がなく、最後の露店には"from"という別の前置詞がついている、という具合で、少しも「等位」ではない。これを直すならば、最初の"at"だけ残してあとは三つ名詞（句）を並べるか、"You can buy bananas *at* the supermarket, *at* the farmers' market, and *from* roadside stands."とすればよい。場所を表す副詞句（前置詞＋名詞［句］）が等しく三つ並んでいるからだ。このような点に注意が行き届いていると、きちんとした文章だという印象を与えることができる。

059 I don't know if she's sick or just faking it.

"If" か "Whether" で「〜かどうか」を表す

「〜かどうか」と言う場合、英語では"if"もしくは"whether"を用いるが、この使い分けはなかなか難しい。まず、どちらを使っても良い場合も多い。"I don't know whether he is coming today."と言っても、"I don't know if he is coming today."と言っても、「彼が今日来るかどうか知らない」という意味に変わりはない。

違いの一つは、**会話では"know"、"wonder"、"see"の三つの動詞に続けて"if"が使われることが多い**点だ。特に「確認する」という意味で"see if"がよく使われる。

💬 I don't know if she's sick or just faking it.
（彼女、本当に病気なのか仮病なのか私は知らない）

💬 I wonder if it'll rain tomorrow.
（明日は雨かしら）

💬 I'll call him to see if he's at home.
（彼が家にいるかどうか、電話してみるよ）

いずれの文でも"if"の代わりに"whether"を使うことができるが、"if"のほうが使われる頻度は高い。

二番目の違いは、次の例のように、**to＋動詞（不定詞）の前では必ず"whether"を使う**という点である。

💬 The company gave me two weeks to decide whether to take the job or not.
(その仕事を引き受けるかどうか私が決断するために、会社は2週間の猶予をくれた)

どんな場合でも使える"whether"

また、"whether"はすぐ後ろに"or not"をつけて使われることが多いが、"if or not"とは言わない。

💬 We haven't decided whether or not to go hiking on Sunday.
(日曜日にハイキングに行くかどうか、まだ決めていない)

"whether"は、会話でも文章でも用いられるが、"if"のほうはもっぱら会話で用いられ、インフォーマルな感じが強い。さらに、"choose"や"discuss"といった動詞、"talk about"や"think about"といった前置詞を伴う動詞句の後ろでは、"whether"のほうが好まれる。

💬 We have to discuss whether we can afford a new car.
(新しい車を買う余裕があるかどうか、検討しなければ)

💬 We talked about whether we should go home early.
(早く帰宅すべきかどうか話し合った)

060 If I were younger, I'd play tennis every day.

条件の"if"の正しい使い方

"if"は非常に様々な場面で用いられるために、使い方も多様で複雑である。**ポイントは、話し手が「現在どのような状態か」という点をまずきちんと把握すること**にあるだろう。たとえば、話し手が現在の状況を踏まえ、現実的な可能性のあることがらについて言う場合。

💬 If I leave now, I can catch the 10:20 train.
（いま出れば、10時20分の電車に間に合う）

"if..."で始まる部分は「〜ならば」という「条件」を示すが、**話し手はそれが十分実現可能だと考えている**。

想像上の"if..."

これに対して、同じ条件でも実現がまったく不可能な条件をあえて口にすることもあるだろう。この場合は**話し手自身がそれを不可能な条件だと考えていることを示すためにも、"if"以下で過去形を用いる**。たとえばアドバイスなどで"If I were you, I'd..."（もし僕が君なら〜するよ）とか、あるいは"If I were in your shoes, I would..."（私があなたの立場なら、〜するのだけれど）という表現を使うことがある。もちろん、言うまでもなく話し手は別の人間（話している相手）にはなれない。

また「他人とまったく同じ状況に立つ」（“stand in someone else’s shoes”）こともできない。

💬 If I were you, I’d look for a cheaper place to live.
（私があなただったら、もっと安く住めるところを探すな）

これに対して、別の意味で「不可能な」条件をあえて言う場合もある。現実の可能性をまったく考えず、**想像あるいは空想によって作られたような条件**である。

💬 If I were younger, I’d play tennis every day.
（もっと若かったら、毎日だってテニスをするのになあ）

💬 If I had lots of money, I’d move to Honolulu tomorrow.
（いっぱいお金があったら、明日にでもホノルルに引っ越すんだけどなあ）

誰も他人になることはできないように、誰も年齢やその時点での預金額を変えることはできない。これらはいつ実際に起きてもおかしくないような条件ではなく、実際には起きないことを承知したうえで、あえて設けているような想定条件なのである。学校で仮定法過去として習ったことを覚えている人もいるだろう。

061 He closed the window as if he was cold.

「あたかも〜のように」ばかりではない

"as if..."あるいは"as though..."について、「まるで〜のように」とか、「あたかも〜のように」などという意味で丸覚えしている人が結構いるようだ。しかしそれでは次の文はどう考えれば良いのだろうか。

The little boy looks as though he's lost.
（その小さな男の子は迷子になったように見える）

He closed the window as if he was cold.
（彼は寒かったらしく窓を閉めた）

最初の文をもし「まるで迷子になったように見える」と訳せば、実際には迷子にはなっていない、という意味になってしまうが、そうではない。ここで"as though"は、話し手が男の子の様子を見て、迷子になったらしいと推測できる（ただし事実としては確認できていない）ことを示している。二番目の文は過去について述べているが、これも「彼」が窓を閉めたという事実からの推測であることを"as if"で示している。つまり、**男の子が迷子であるのも、「彼」が寒いと思ったのも、確度の高い推測**だと言える。この場合、"as if"（"as though"）の後の動詞は、次に説明する比喩的な用法とは異なり、通常の形（is/was）になっている。

比喩的な "as if..."

これに対して、"as if" や "as though" の後に、**事実とは異なる、あるいはあり得ないような事柄を示す用法**もある。「あたかも～のように」と訳されるのは、こちらのほうだ。この場合は、事実ではないことがわかるように、動詞の形を変えなければならない。

I remember my first trip abroad as if it were yesterday.
(最初の海外旅行を昨日のことのように覚えています)

全体は現在形だが、もちろん「現在」は "yesterday" ではない、つまりあり得ないことがらを使って比喩的に述べているのだから、"as if" に続く部分では前項で扱った仮定法過去の形が用いられている。

もし全体の時制が過去ならば、

Chuck *gobbled* his meal as if he *hadn't eaten* for a week.
(チャックはまるで1週間何も食べていなかったかのように、がつがつと食べた)

というように、"as if" の後の部分は過去完了形になる。"as if..." や "as though..." には、このように**「推測」と「比喩」の二つの使い方がある**ので、動詞の形に注意しながら判別するようにしたい。

062 Although they hadn't eaten lunch, they weren't hungry.

"Although"の正しい使い方

"although"と"though"は、一つの文の中で二つの部分（節）が際立った対比をなしていることを示すために用いられる。ちなみに"although"は"though"よりもややフォーマルである。

この二つの接続詞のどちらかを使って文を始めると、読み手あるいは聞き手は、後半で前半部とは正反対、あるいは対照的なことがらが提示されるだろうとあらかじめ期待する。たとえば見出しの文ならば、"Although they hadn't eaten lunch,"（彼らはそのときまで昼食をとっていなかったけれども）とあることで、読み手（聞き手）は「彼ら」が昼食をとっていないことから予想されることがら（仕事に力が入らないとか、空腹を感じるなど）とは反対の事実が示されるだろうと期待するのだ。接続詞にはそのような形で読み手（聞き手）の心理を微妙にコントロールする力がある。

文のどこに置くか

この"although"を文の途中に置くこともできる。この場合は、前半部を伝えたうえで、いわば唐突に正反対の事実を述べる。たとえば、

I was sleepy all day, although I got a lot of

sleep last night.
（今日は一日中眠たかったよ。昨晩たっぷり寝たんだがなあ）

という文の場合、**“although”は、「これから予想外のことを言いますよ」という一種のサインでもある**のだ。

また、文中の位置ということで言えば、“though”は文末に置くこともできる（“although”は不可）。

Jim loves seafood. He’s not keen on oysters, though.
（ジムは魚介類が大好きだよ。ただ牡蠣はそれほど好きってわけでもないけれどね）

文章の最後に“though”がなければ、二つの文は意味のうえで矛盾してしまう。“though”をつけることで話し手は、最初の文の内容に限定を加えているのだ。

“even though”と“although”, “though”

“although”や“though”の他に“even though”という言い方もあるが、意味のうえで大きな違いはない。

Even though he threw 180 pitches yesterday, he doesn’t look tired at all.
（昨日180球投げたのに、全然疲れた様子を見せない）

063 Let's go get a beer.

数えられる名詞と数えられない名詞

英語と日本語の違いで困ることの一つは、**日本語には数えられる名詞と数えられない名詞の区別がない**ことである。英語では「ミルク」のように数えられない名詞の場合は、"some"とか"much"をつけ、"a"とか"one"、もしくは"many"はつけない。

ただし、原則は原則として、次のような言い方は別に何の問題もなく使われる。

Let's go get a beer.
（ちょっと一杯飲みに行こうよ）

ミルク同様に液体で、数えられないビールだが、ここでは"a beer"で構わない。グラスでも缶でもジョッキでもいい、とにかく容器に入ったビール、つまり数えられる形になったビールを指しているのだから、その意味で、数えられる名詞として扱うことができる。文法的にも間違いとまでは言えないのだが、もし気になるならば、

Let's go get a mug of beer.
（ビールを〔ジョッキで〕一杯飲みに行こうよ）

と言っても良いだろう。しかし実際の会話では不要であ

り、そして当然ながら余計なものは会話では省かれる。

数えられない名詞を数えられる名詞にする

色々な形があるために数えられない名詞は、**しかるべき「単位」を示す言葉を補えば、数えられる名詞のように扱うことができる。**たとえば「食パン」は「ひと山（一斤）」単位ならば“a loaf of”をつけて数え、切り分けたならば“a slice of bread”（パン一切れ）とする。棒状のチョコなら、“a bar of”を使って“I sometimes eat a bar of chocolate for a snack.”（時々おやつにチョコレートを一つ食べます）などと言う。

どうやって数える？

よく難しいと言われるのは、informationやnewsのように目に見えず、何を単位とすれば良いかわかりにくい名詞だ。これらの場合は、“a piece of”をつけて、

I found an interesting piece of information in today's newspaper.
（今日の新聞に面白い情報があったよ）

There was a piece of news online about a new political scandal.
（新しい政治スキャンダルの記事がネットに出ていた）

などと言う。つまり“a bit of knowledge”（ちょっとの知識）があれば、困ることはないのだ。では、“Let's have a coffee!”（コーヒーをいただきましょう！）。

064 You should take good care of your health.

“You”には二種類ある

英語の代名詞“you”には二通りの使い方がある。一つは特定の人をさして、

I hope you have a nice weekend!
（どうぞ良い週末をお過ごしください）

とする場合。この場合は“you”が誰を指しているのかは明白だ。会話ならば話している相手、文章ならば読んでほしい相手である。

もう一つの“you”は**“generic you”（一般的なyou）と呼ばれるもので、一般的なことがらを言うときに用いられる**。次の例を見てみよう。

You should look both ways before crossing the street.
（道を渡ろうとするときは左右を見なければいけない）

You should take good care of your health.
（健康には十分に注意しましょう）

この場合、“you”は誰か特定の人を指すのではなく、話し手自身も含めた「一般の人、みんな」を意味する。

混乱が生まれやすいとき

しかしながら、この「一般的なyou」のつもりで“you”を使っても、特定の人間を指しているように誤解されてしまう場合がある。たとえばA氏とB氏がお互いの忙しさについて話していて、A氏のほうが、

You need a break every now and then.
（時々は休みが必要だね）

と言ったとする。しかしB氏はこれが「一般的なyou」ではなく、自分だけについて言われているのだと思い、

I do take breaks.
（ああ、そうするよ）

と答えてしまう可能性がある。A氏のほうはあくまで一般的な話をしたのであり、B氏に忠告しようとしたのではないので、慌てて次のように言い足すことになる。

I didn't mean you specifically. I meant *we all* need breaks.
（いや、君だけについて言ったつもりじゃないんだ。みんな休みが必要だってことだよ）

このような誤解はネイティブの間でも起こりうることである。誤解があれば、そのたびに自分が使った“you”が「一般的なyou」であることを説明する必要がある。

065 We avoid talking about money with friends.

特定の人々を指さない"we" "one" "they"

前項の"generic you"（一般的なyou）と同じ使い方が"we"にもある。たとえば、

We avoid talking about money with friends.
（私たちは友人と話すとき、お金の話題は避ける）

といった場合、**この"we"は話し手と聞き手だけとか、または話し手を含む特定の人たちだけを指すわけではない**。あくまで一般的な話をしているのであり、その意味ではこの"we"も"generic you"と同様の働きをする。

代名詞としての"one"

特定の人を指さない代名詞としては、"one"もある。たとえば、

One would think the government would fix the roads more quickly.
（政府はもっと早く道路を修復すべきだと思われる〔人はそう思う〕）

と言えば、この"one"は特に誰とは言わず、一般的な意味での「人」を意味する。この点は"you"や"we"と同

じだが、**“one”のほうがずっとフォーマルな文脈で使われ、そのために会話よりも文章でもっぱら用いられる。**たとえば学術論文や一般的な指示、公的な文書などでは“one”を使ったほうがむしろ自然である。

💬 One must maintain proper etiquette in business settings.
（ビジネスの場では、しかるべき礼儀作法を守らねばならない）

このような場合に“you”を避けたほうが良いのは、前項で述べたように、聞き手がそれを自分だけに対する指示、あるいは叱責だと誤解して不快に思う恐れがあるからだ。

特定しない“they”

　さらに、“they”についても明確に特定の人々を指さない場合がある。とは言ってもこちらは一般的な“you”や“we”や“one”などとは異なり、何らかの立場（組織や集団）にある人々を漠然と指すために用いられる。

💬 They've opened a new theater downtown.
（中心街に新しい劇場がオープンした）

この場合は“they”が具体的に誰かということを知っている必要はない。ともかくそれをすることのできる「誰か」がそれをしたのだ。

066 et cetera / etc.

「エトセトラ」って本当はどう使う?

ラテン語で「その他」を意味する“et cetera”(エトセトラ)という言葉は、会話の中でも使われるし、また文章ではその省略形である“etc.”がよく用いられる。他にも同じような物や事柄があるが、そのすべてを列挙するのは煩わしい、という場合に用いられる表現だ。

使いすぎに注意

この言葉はよく日本語で「など」と訳されるが、**「など」と“et cetera”では、使う頻度が違う点に注意したい。**日本語の場合、「など」を繰り返して使ってもさほど問題はないが、英語では“et cetera” や “etc.”を繰り返し使うと、そこだけ目立ちすぎてしまう。「その他」のものが重要ならば、具体的に名前を出すべきだし、重要でないのなら、文の最後にわざわざ“et cetera”とつける必要はない、ということだ。だいたいの感じだが、日本語の「など」の3分の1くらいの頻度でしか“et cetera”は用いられない。私の感覚では、そのくらいの程度にまで“et cetera”の使用は控えたほうが良いだろう。

代わりに使うならば

“et cetera”の使いすぎを避けるためには、**“such as”や“including”を代わりに用いる**方法がある。

💬 I love tropical fruits, such as mangoes and papayas.
（マンゴーとかパパイヤとか、私はトロピカル・フルーツが大好きです）

このとき注意したいのは、最後のところに“et cetera”をつけないこと。なぜなら“such as”には、すでに「他にも多くある中の一例に過ぎない」という意味合いが込められているからだ。

💬 The shop sells imported products including Nutella and peanut butter.
（その店では〔パンに塗る〕「ヌテラ」やピーナツバターのような輸入品を扱っています）

では、“for example”は使えないか、と思う人もいるだろう。しかし、文章で“I read a lot. For example, novels and history.”などと書くのは間違い。“For example”の後が名詞と接続詞だけで文になっていないからだ。文章で使う場合は、“for example”の後に必ず完結した文がこなければならない。

💬 I read a lot. For example, I read novels for entertainment and history for knowledge.
（私は読書家だ。娯楽として小説を読み、教養のために歴史書を読む）

067 Patience is a virtue; it is also an art.

セミコロン、コロンの使い分け方

英語のパンクチュエーション（日本語でいう「句読法」）は、日本の英語教育ではあまり詳しくは教えられないようだ。しかし、読み書きのうえでは、セミコロンやコロンの用法をきちんと把握しておく必要がある。

まず**セミコロン(;)は、ピリオド(.)で完結する二つの文をあえて一つの文としてつなげ、それぞれの内容が緊密に関連していることを強調するために用いられる。**書き方としては異例であり、だからこそそこには特別な意味合いが込められていることに気づきたい。

Patience is a virtue; it is also an art.
（忍耐は美徳であると同時に技術でもある）

John is a violinist; his brother plays drums.
（ジョンはバイオリン奏者だが、弟はドラマーである）

最初の文の書き手は「忍耐」における二つの重要な性格を示そうとしている。次の文では兄弟がともにミュージシャンだが、演奏する楽器が違うことを強調している。

より複雑な用法

セミコロンはまた、**コンマ(,)の代わりに用いて、並列する語句をグループにまとめる役割をする。**

💬 The group includes Jack, a doctor; Ellen, a scientist; and Cindy, an engineer.
（グループには医師のジャック、科学者のエレン、そして技術者のシンディがいた）

もしセミコロンを使わずコンマでつなげたら、このグループに何人いるか、分からなくなってしまう。セミコロンはここで人名と職業というまとまりを作り出しているのだ。

コロンの場合

これに対して、**コロンは一つの完成された文のあとに、語句を付け足すために用いられる。**

💬 Our itinerary is as follows: San Diego, Santa Barbara, and San Francisco.
（私たちの旅行先は以下の通りです。サンディエゴ、サンタバーバラ、サンフランシスコ）

このコロンの働きは“that is”や“in other words”などと似ているが、単なる言い換えというよりも、具体例を示そうとする場合によく使われる。

もう一つ、コロンを使って劇的な効果をあげる方法もある。一つだけ例を示そう。

💬 There is only one thing I lack: money.
（わたしには一つだけ足りないものがある。金だ）

068 We stayed in Paris, London and Rome.

コンマの使い方を修得する

羅列するときに使うコンマ

言語は長い間に変わっていくものであり、永遠に正しい決まりというものはまずない。語句を羅列する際にどこにコンマを打つかという点一つをとってみても、二つの方法が併存している。一つは、次の文のように、後ろから二番目の語句のあと、つまり“and”の前にはコンマを打たなくとも良い、というルールである。

We stayed in Paris, London and Rome.
（私たちはパリ、ロンドン、ローマに滞在した）

もう一つのルールは、次の文のように“and”の前にも必ずコンマをうつべきだとするものだ（このコンマのことを“serial comma”または“Oxford comma”と呼ぶ）。

We enjoyed Seattle, Denver, and Atlanta.
（私たちはシアトル、デンヴァー、アトランタを楽しんだ）

この二つのうち、どちらの決まりに従っても問題はない。ただ、ひとつの手紙やメール、レポートや論文の中ではどちらかに統一する必要はあるだろう。

コンマのそのほかの機能

音読する場合など、コンマは短い休止を示す。また、コンマを打ち、語句を付け足すことがある。しかし、**このコンマの有無によって、話し手の意図や、あるいは文の意味すら変わってしまうこともある。**

💬 I sent an email to my friend Josh.
（友人のジョシュにメールを送りました）

💬 I sent an email to my friend, Josh.
（友人にメールを送りました。ジョシュというんですが）

最初のほうはメールを送った友人の名前が重要なのだが、次の文ではコンマによって友人の名前はあくまで付加的な情報として軽く添えただけ、ということがわかる。もう少し「重い」例を挙げるならば、

💬 He has two daughters who he loves.
（彼には愛する娘が二人いる）

💬 He has two daughters, who he loves.
（彼には二人娘がいて、ともに愛している）

最初のほうは、「愛していない」娘が他にいる可能性を否定できない。二番目の文では、コンマがあることによって、娘は二人だけで、そしてその二人を愛していることが明確にわかる。

069 I graduated from college, in 1969.

リズムと意味をつくるコンマ

前項では、語句の羅列や文への付加部分など、比較的細かい部分で用いられるコンマについて述べた。しかし、**文が長くなればなるほど、コンマの位置には注意する必要がある。**なによりコンマには、文を大きく区切り、読み手が滞りなく文章を読めるようにする役割があるからだ。たとえば次のように長い文も、コンマによって主な部分と補足的な（従属的な）部分に分けられている。

Having discovered that I really did not have the skills necessary to play professional baseball, I entered an M.B.A. program.
（プロ野球でやっていくだけの技術がないことが身にしみて分かったので、経営学の大学院に進んだ）

この文では前置きとなる部分が非常に長い。コンマは、その前置きが終わり、主な内容（大学院に進んだということ）が始まることを明確に示している。

二つの機能

まとめてみよう。コンマは二つの機能を併せ持っていると言える。**一つは文の文法的な構造を明らかにする働きだ。**たとえば一つの文で補足的な部分を最初に置いても、また主な部分の後に置いても構わない。ただ、その区別だけは、コンマによって明確にされている必要がある。

I didn't attend, because I had a fever.
Because I had a fever, I didn't attend.
(熱があったので出席しなかった)

もう一つのコンマの機能は、音楽で言えば、演奏記号のような働きである。つまりコンマには、文のリズムやトーン、そして前後のつながりを指し示す、あるいはつくりだす働きがあるのだ。

I graduated from college in 1969.
I graduated from college, in 1969.

この二つの文は、どこが違うのだろうか。大学を卒業した年という情報を伝えるだけならば、もちろん最初の文で良い。しかし、二番目の文の"in 1969"の前に置かれたコンマは、普通は打たれるものではないので、文の流れを一瞬滞らせる。そしてそのことによって、"in 1969"という年には何か特別な意味合いがあるのだろうか、と読むほうに気づかせる役割を果たす。音楽でたとえれば速度記号のアンダンテ(andante)のようなもので、それまで読んできたスピードをゆるやかなものにし、年をゆっくりと読ませて注意を喚起するのである。

070 I haven't lost much weight—yet.

ハイフン、ダッシュの使い方

ハイフン

まず、ハイフン"hyphen" (-) とダッシュ"dash"(—)の違いから説明しておこう。**第一に、ハイフンは一つの単語が行の終わりから次の行の頭にまたがる場合に、その単語の切れ目を示すために用いられる。**確かな辞書ならば、たとえば"advertisement"などという長い単語は、"ad·ver·tise·ment"と点で区切られて示されているので、行をまたぐ場合はそれを目印に区切ればよい。

また、ハイフンには、"Julio's is a first-class restaurant."（ジュリオは一流のレストランです）という場合の"first-class"のように、**二つかそれ以上の単語をつなげて、ひとつの形容詞を作るような役目**もある。

ダッシュの使い方

ではダッシュはどうだろうか。まず、次の文のように、何らかの語句を文中に挿入するために用いられる。

My son—Jim—has lots of problems.
（私の息子——ジムというんだが——いろいろ問題が多い子でね）

この場合"Jim"はあくまで付け足しである。

また、すでに完結した文のあとに例や説明を加える場合もダッシュが用いられる。

There are some really strange fruits in Japan—like biwa.
（日本には本当に変わった果物があるよ。枇杷《びわ》とかさ）

思いついたように言うけれども

その一方で、同じようにダッシュを用いながらも、実は付け足した部分のほうが重要だという場合もある。

I struggle learning any language—especially Japanese!
（どんな言語も習うのは大変だけれどね。特に日本語ときたら！）

この文では、最初の部分（完結した文）は実は前置きで、むしろ言いたいことはダッシュの後ろにある。**ダッシュはむしろ効果的にある部分を強調するために用いられている**のである。もう一つ例をあげれば、

I haven't lost much weight—yet.
（それほど体重は減ってないよ。今のところはね）

という文は、言い換えれば"I haven't done it *yet but I will do it!*"（まだできていないけれど、必ずやり遂げるからね！）という意味になる。

071 Hopefully, we'll finish this job by 5:00.

ネイティブでも使い方で論争が起きる言葉

　ネイティブの間でも、その使い方をめぐっていつも論争になるような言葉がある。**"hopefully" はその筆頭で、少なくとも半世紀も昔から論争が絶えない。**言葉遣いに厳格な人々は、この語は本来の「希望を持って」という意味で使われるとする。

Hopefully, she entered the interview room.
（希望を抱いて、彼女は面接室に入った）

つまりここで彼女は面接に臨《のぞ》んでうまくいくだろうと希望を抱いている、という意味になる。

論争のポイント

　これに対して、新しい解釈をする人々は、次のような使い方を認める。

Hopefully, it will stop raining soon.
（雨、すぐやむといいんだけれど）

Hopefully, we'll finish this job by 5:00.
（この仕事、5時までに終わらないものかねぇ）

この場合、"hopefully" は、「願わくは〜であってほしい」

とか、単純に「〜と願う」という意味になる。現在のところこの論争は「厳格派」のほうが分が悪く、元来の意味（「希望を抱いて」）でしか使えないとする人は少数になっている。実際、新聞も辞書も、またネイティブ・スピーカーの大半が、「願わくは」という新たな用法を受け入れ、また実際に使ってもいる。

“literally” の論争

同様の論争は“literal”や“literally”をめぐっても起きている。本来の意味は「文字通り」というもので、“I literally fell asleep during his lecture.”（あの先生の講義の間、マジで眠りに落ちちゃったよ）などと言った場合は、“literally”が“fall asleep”を修飾して、文字通り「落ちる」という感じだった、と強調している。

これに対して、

💬 He was literally shaking with anger.

と言った場合は、二通りの解釈ができる。一つは、事実として身体が「震えていた」とするもの。もう一つは、実際に肉体が震えたわけではないが、「彼は怒りに身も震えんばかりだった」とするものである。つまり、こちらでは、**“literally” はあくまで誇張した「たとえ」として用いられている。**このように解釈しないと、“I literally died laughing.”（死ぬほど笑ったよ）とか“I literally exploded”（もうマジでキレちゃったよ）などという文は理解不能、あり得ない文になってしまう。

072 The job is not unstressful.

修辞表現を取り入れる

新しい言語を学びはじめた頃は、誰でも書かれている（あるいは聞こえてくる）語句の意味を理解するのでとにかく精一杯である。しかし、学習が進んでだんだん上達していくと、そのうちに**「修辞的表現法」、つまり言葉を本来の意味や用法からずらしたり、比喩的に用いたりすることでより効果的に表現する方法**にも次第に目が向くことになる。もちろん、すぐに修辞表現を使うところまでいくのは難しい。まず他人の使う修辞表現を楽しむことだ。そのうち、少しずつだが会話の中にも取り入れることができるだろう。

婉曲表現

婉曲表現法（euphemism）とは、相手にショックを与えたり、驚かせたりしないように、直截的な表現を避けてより穏やかな（無難な）言葉を用いる方法である。簡単な例として、“He died.”とは言わずに、普通は“He passed away.”（彼は亡くなられた）とする場合が挙げられる。“toilet”という「分かりやすすぎる」単語を避けて“restroom”などと言うのも同様だ。

また、“He has ample proportions.”などと言うのも相手を傷つけないための婉曲表現である。この意味は、“He's overweight.”、あるいはもっとあからさまに言えば、"He's fat."ということである。日本語でも「ふっくらとしている」などと当たり障りのない言い方を選ぶことがあるが、その英語版だと思えば良いだろう。

誇張表現

たとえば誰かに"I could eat a horse."と言ったとする。これは「馬刺しだって食べられます」という意味……ではない。これは、今なら馬一頭だって食べられる、それくらい空腹だ、という**誇張表現（hyperbole）**だ。同様に英語では"This chair weighs a ton."（直訳：この椅子は1トンくらいの重さだ）などと言ったりするが、これも「すごく重い」という誇張表現である。

控えめな表現

誇張表現とは反対に、**あえて物事を控えめに言う表現**を"understatement"と言う。たとえば、フルコースの料理を食べた後で"I enjoyed *my light* dinner."（ささやかなディナーを楽しんだよ）と言うような場合だ。もし、このように控えめな表現をすることで、相手に「本当はどれほどなのか」と想像させれば、逆に実態を強く印象づけることができる。何年か前、私は新しい仕事についた友人に様子を尋ねたことがあるが、彼は"It's not unstressful."（ストレスのない仕事、というわけではないね）と答えた。あえて「ストレスがある」とは言わない、その控えめな表現によって、私は、その仕事がいかにストレスに満ちたものであるか、強く印象づけられたのである。

Column リスニングをめぐる二つの神話

リスニングをめぐる第一の「神話」は、英語はただ聴き流すだけでマスターできる、というものだ。この神話によれば、なにか別のことをしながらでも構わないという。もしそれが本当ならば、通勤電車の中でベートーヴェンを聴いていれば、いつか素晴らしい音楽家になれるかもしれない……と言いたくなってしまう。実際、他のことをしながら英語を聴くというのは、学習方法としても非効率的である。効果的にリスニングを学習するためには、自分に合った、もしくはそれより少し高い語彙レベルの英語を、毎日毎日、集中して聴く、それが一番である。

もう一つのリスニング神話は、聴くことと読むことは別だ、というものだ。確かに、英語を聴いて理解するためには、練習によって耳を慣らす必要がある。しかし内容の理解度は、いかに多くの単語を知っていて、聞き分けることができるか、という点にかかっている。文字として理解する、つまり綴りも意味も知っている単語が多いほど、会話など音声英語の理解度も高まる。逆に、音声のみを聴いて理解力を高めるのは、時間も手間もはるかに多くかかる。リスニング力向上のためにも、読むことを軽視してはいけない。目で文字を追いながら声に出して読む「音読」に著しい効果がある理由は、ここにある。

第4章

英語の感覚

073 I boarded the train. As soon as I got on, I found a seat.

単語の繰り返しは避ける

第2章の25講で、英語の自己紹介では、“How do you do?”をお互い繰り返すような「おうむ返し」は避けることに触れた。これは特定の場面だが、**もっと広い意味でも、英語では同じ言葉や表現の繰り返しを避けようとする傾向がある。**見出しにした例文でも、最初の文で“boarded”が使われ、次の文で“got on”が使われている。

文体と語の選択

これは、文法ではなく、文体（文章）上の問題である。特に、文の中で重要な（あるいは目立つ）語句や専門用語については、反復を避ける傾向は強い。たとえば、

Mr. Tyler is the CEO. The CEO came to our office.
（タイラー氏が社長です。社長は出社しました）

というのは文章としてまずい。この場合は後の“The CEO”を“He”に換えるだけで良い文になる。

Repetitious speech is boring. We should not use repetitious expressions.
（くどい話は退屈だ。くどい表現は用いるべきでは

ない）

というのも、良くない文だ。“repetitious”という、あまり使われない、目立つ単語が繰り返されているからだ。この場合は、たとえば後のほうの文を、“We should avoid using the same words repeatedly.”（同じ単語を繰り返し用いるのは避けるべきだ）などとする。

欽定訳聖書

イングランドのジェイムズI世が命じて翻訳させた「欽《きん》定《てい》訳聖書」（1604-11）は、何十人もの翻訳者が手がけながらも、誰がどこを訳したか分からないほど文体上の統一がとれていることで有名だが、もう一点、できる限り同じ言葉の反復を避けていることでもよく知られている。典型的なのは“God”や“Jesus”で、たとえば“Jesus”は次のように様々な言い換えがなされている。

Our Lord / The Son / The Holy One / Prince of Peace / King of the Jews / The Light of the World

これはすべて同じ人物（イエス）を指し、同時にその様々な側面（属性）をも示している。

ここまで行かなくとも、**特に書き言葉では同じ形容詞や動詞、また語句の繰り返しは避けたい**。相手を混乱させない範囲で、できる限り様々な言葉に言い換え、より彩りのある文章になるよう工夫してほしい。

074 Do you have any questions?

否定疑問文の使用は慎重に

日本語では丁寧に尋ねようとして、「ご入り用ではないですか？」などと**否定疑問文**を使うことが多い。人前で発表や説明をした後にも「なにかご質問はございませんか」とか「ご不明の点はありませんか」などと聴衆に尋ねる。しかし、これをそのまま英語に訳して、"*Don't you* have any questions?" と尋ねてはいけない。これは "Why don't you have any questions!"、つまり「ほら、質問があるだろ？　言ってみろよ！」という**挑発的で無礼な調子を帯びた尋ね方**だからだ。尋ねたければ、

- Do you have any questions?
  （質問はございますか？）
- Does anyone have a question?
  （どなたかご質問のある方？）

と言えば良いし、さらに丁寧に尋ねたければ、

- If you have any questions, I'll try to answer them.
  （もし質問がございましたら、お答えいたします）

とややへりくだった言い方をすることもできる。

他人にプレッシャーをかけない尋ね方

同じことは、“Aren’t you hungry?” と “Are you hungry?” にもあてはまる。後者の文は、単純に空腹かどうかを尋ねるもので、聞かれたほうも率直に自分の気持ちを伝えれば良い。それに対して前者の否定疑問文のほうは、「もちろんお腹すいているよね？」と決めつけたような言い方になる。親しい間ならばともかく、普通こう言われれば、なんでこちらの腹具合について分かったような言い方をするんだ、と不快に感じてしまうだろう。

否定疑問を使う場合

しかし、ここまで読んできて、「いかなる場合も否定疑問文を使ってはいけない」などと思い込まないでいただきたい。否定疑問文が使える、というか使ったほうが良い例も紹介しておこう。たとえば二人で買い物に行き、一人がジャケットを試着したがサイズが合わなかったとする。それを見てもう一人が、

Couldn’t you try another size?
（別のサイズを試さないの？）

と言えば、この否定疑問文は、単なる質問でも要望でもなく、提案を示す。訳文にあるようにこれは“Why don’t you try another size?” と同じ意味で、明らかに相手の利益になるような提案を否定疑問の強い調子で言うことは、かえって相手を思いやった表現になるのである。

075 He's as quiet as a mouse.

お決まりのフレーズは丸ごと覚える

英語を勉強するときには、フレーズを丸ごと覚えてしまうのが良い。ここでは同等を示す"as...as～"を用いて「～のように……だ」と表現する例を取り上げてみよう。たとえば、ネイティブ・スピーカーは、"as quiet"とくれば、普通その後に"as a mouse"と続くことを知っている。本当かどうか知らないが、ともかく英語話者は、ネズミはおとなしくていつも人目を避けている、と思っているのだ。そこから、内気で人前で話したがらない人を指して、見出し文のような言い方をするようになった。

同じような表現はいくつもある。"as fat as a..."とくれば、その後に続くのは、"pig"だ。ネイティブ・スピーカーは決まり文句のようにそれを耳にしているから、間違えることはない。

動物で性格を表す

このように動物、あるいは植物を使った表現は30以上もある。では、ここで問題。下の三つの文で、最後に入る生物はなんでしょうか。〔解答は次頁の最後〕

① I skipped lunch. So by 6:00 p.m., I was as hungry as a (　　　).

② Something that I ate was bad and I was as sick

as a (　　　).

③ I was out in the sun all day and turned as red as a (　　).

人を比喩で示す

これと似ているが、人間の性格を表すのには次のような決まり文句がある。

During the negotiation, she was tough as nails.
（交渉中、彼女はまったく動じることはなかった〔釘のように頑強だった〕）

She's as sweet as honey.
（彼女はものすごく優しい〔蜂蜜のように甘い〕）

ネイティブは、こういった定型表現を、どこかで目にしたり、テレビや他人との会話の中で覚えていくのだが、英語学習者も同じようにこれらを覚えていくとよいだろう。

決まり文句を覚えたら

ただし、**このような決まり文句は、会話以外ではあまり使われない**。言語センスのある人は、まず文章では用いないし、会話でも別の言い方をするようにしているようだ。しかし、英語を学ぶ立場とすれば、いかに陳腐な表現であっても、まず知っておく必要はあるだろう。

解答は、① horse ② dog ③ lobster でした。

076 I see.

「あいづち」の打ち方

日本語では、会話を円滑に進めるために「あいづち」を打つことがよくあるが、言語学者はこの「あいづち」のような表現のことを“backchannel”（隠れメッセージ）と呼ぶ。もちろん英語にも同様の表現はあり、相手が話しているときも、その合間合間に次のような言葉をはさむことがある。

uh-huh/yeah/right/okay/I see./sure

ただし、これらの表現も、日本語と英語では異なった働きをする。水谷修・水谷信子の共著*How to Be Polite in Japanese*（Tokyo: The Japan Times, 1987）によれば、日本人は平均して1分間で12回から26回相づちを打つという。残念ながら英語の話者について同様の研究がないので推測に頼らざるを得ないのだが、私自身の長い経験から言えば、**ネイティブの英語話者が普通の会話で相づちを打つ頻度は、この半分か4分の1程度**だろう。

危険な相づち

日本語よりも英語のほうが相づちの頻度が少ないのは、あまり頻繁に相づちを打つと、話し手のほうをいらつかせてしまう恐れがあるからだ。「いちいち“yes, yes”とか“I see.”とか“uh-huh”とかうるさいな。話の腰を折らないでくれ」という訳だ。

中でももっとも危険な相づちは“Oh, really?”である。日本語だと「そうですか」と言っても穏やかな感じで、「それは面白いですね」という好意的な意味に理解されるが、**英語で“Oh, really?”と言うと、むしろ不信感のほうが強く表れる**。言い方にもよるが、どうせ冗談でしょ、というような皮肉にも聞こえかねないのだ。

アイコンタクト

また、英語ではアイコンタクトがとても大事だとされる。人と会って話すときも、人前で大勢に向かって話すときも、相手の目をきちんと見ることが大事だ、とよく言われる。しかしそれも場合と程度によりけりだ。聞き手は相手の目をきちんと見ていたほうが良いだろうが、話し手が聞き手の目をずっと見つめて話していると、聞き手は少し怖くなってしまう場合もある。話し手は、時々相手の目から視線をそらせたほうが良いだろう。まるで相手を威圧しているように思われては逆効果である。

ここでアイコンタクトに触れたのは、**アイコンタクトが相づちに代わる“backchannel”になってくれる**からだ。話し手のほうにきちんと顔を向けていれば、いちいち相づちを打つ必要はない。相手の目を見て、時々うなずいたり、微笑んだり、話の内容によっては驚いたような表情を見せれば、黙っていても構わないのである。

077 Just call me Ichiro.

「ファーストネームで呼び合う仲」は難しい?

ロナルド・レーガン元米大統領と中曽根康弘元首相のときからだと思うが、日本のメディアは両国のトップが互いに「ファーストネームで呼び合う仲」になっているかどうかを報道するようになった。メディアにすれば、ロンとかヤスとか呼び合えるのはお互いが友人のように親しいことの証である、ということなのだろうが、これはあまり正確ではない。**ファーストネームで互いを呼ぶという習慣はそんな単純なものではない**のだ。ファーストネームで呼び合う相手がすべて親しい友達だったら、世の中は親しい友人だらけになってしまうだろう。

そもそも、仕事のうえで人と初めて会う場合には、

A: How do you do. I'm Karen Carter, from AKM Media.
（はじめまして。AKMメディアのカレン・カーターと申します）

B: It's a pleasure to meet you, Ms. Carter. I'm Takuma Ogata, from Carrier Incorporated.
（はじめましてカーターさん。キャリア社の尾形拓真といいます）

A: I'm glad to meet you, Mr. Ogata.
（どうぞよろしく、尾形さん）

というように、まずフルネームで名乗り、お互い敬称をつけて名字で呼び合うのが普通だ。

ファーストネームへの切り替え

　その後お互いの付き合いが長くなっても、早くファーストネームで呼び合いたい、とあせってはいけない。二人のうち年上のほう、あるいは役職が上のほうが、

Please call me Karen.
（どうぞカレンと呼んでください）

と言い、それを受けて年下、あるいは目下のほうが

All right, Karen. And please call me Taku.
（わかりました、カレン。私のことはタクと呼んでください）

などと答えることで、はじめてファーストネームで呼び合うことができるのである。

　大切なのは、**ファーストネームで呼ぶことを提案するのは必ず目上の人間のほう**で、間違っても目下のほうが“Can I call you Karen?”（カレンとお呼びしていいですか？）とか、“Please call me Taku.”（タクと呼んでください）などと先に言い出してはいけない。初対面から、もしくはまだ会って間もないときにそんなことを言い出せば、むしろ無礼な振る舞いになってしまう。

078 Hi, Joe. I'm Sandy Nelson.

ファーストネームで呼べる場面、呼べない場面

プライベートな場面での出会い

前項では、ファーストネームで呼び合うことの難しさについて書いた。しかし、仕事がらみでなければ話は別だ。たとえば**友人のパーティーで出会ったような人には、すぐファーストネームで呼びかけてもかまわない。**

A: Hi, I'm Joe Wallace.
(やあ。ジョー・ウォーレスっていいます)
B: Hi, Joe. I'm Sandy Nelson.
(こんにちは、ジョー。サンディ・ネルソンといいます)
A: Nice to meet you, Sandy.
(よろしく、サンディ)

名前だけでなく、相手の社会的地位など気にしなくてすむような気楽な場面では、"It's a pleasure to meet you." も "How do you do." もなく、"Hi" で済ませてしまう。自分がどこに勤めているかも言わなくても良い。年が同じくらいならばなおさらだ。ただし、こうやってお互いをファーストネームで呼び合ったとしても、別にそれ以上の何か特別な関係を相手と結ぶにいたったと考えてはいけない。ただ、くだけた場面だからファーストネ

ームを使うまでの話だ。

関係が深まってから

最近雑誌で読んだ話。ある有名作家が出版社を訪れ、新米の若い編集者を紹介されたのだが、その編集者は、

💬 It's a pleasure to meet you. My name is Matthew Brady. Just call me 'Matt'.
(はじめまして。マシュー・ブレイディと言います。マットと呼んでください)

と言ったという。それに対する作家の返事は、

💬 So soon?
(こんなに早く?)

というものだった(編集者の名前は仮名に変えてある)。

要するに、まだお互い知り合ったばかりのときに形だけファーストネームで呼び合っても無意味だということである。ファーストネームで呼び合ったからといって、それでお互いの関係が深まるわけではないからだ。むしろ長く付き合う中で信頼関係を築いたのちに、呼び名をファーストネームに切り替えたほうがずっと意味がある。また、前項で述べたとおり、二人が年齢や立場のうえでまったく同等でもない限りは、ファーストネームを使うかどうかの決定権は、目上の人間のほうにある。急いで「ファーストネームで呼び合う仲」になる必要はない。

079　She's senior to me.

英語には「先輩」がない？

日本社会と同様、日本語もとりわけ「序列」にはうるさいようだ。学校や職場では、常に学年や入社年次を意識し、まず、自分が序列のどこに位置するのかを知っておく必要がある。これに対して、**アメリカの社会では、それほど地位や年齢の上下にこだわらない**。たとえば日本の学生が、「彼は私の先輩です」というつもりで“He's *my* senior.”と言っても、アメリカ人にはその意味がよく伝わらなかったりする。

混乱を避けるために

そもそも「先輩」という概念があまりないのだが、そのうえに、アメリカの大学では4年生のことを“senior”、3年生を“junior”、2年生を“sophomore”、そして1年生を“freshman”と呼ぶ。上下関係ではなく、学年を示す言葉だから、それに“my”をつけてもよく分からない。高校でも、3年生は“senior”、2年生は“junior”、1年生が“sophomore”と呼ばれる（高校は3年間だから“freshman”はいない）。したがって、大学か高校かを明らかにするために、

He's a senior in college.
（彼は大学の4年生です）

🗨 She's a junior in high school.
（彼女は高校の2年生だ）

などという。同学年の場合は、"We are classmates." で良い。どうしても学年の違いに触れなければならない、というのであれば、次のような言い方ができるだろう。

🗨 He is two years ahead of me at school.
（彼は学校で2年上です）
🗨 She was one year behind me at high school.
（彼女は高校で1年下でした）

職場では

アメリカの企業は先輩後輩の上下関係があるような年功序列制度になっていないので、単に、"Alan is my co-worker." とか "Alan and I work together." と言えば良い。弁護士、医師、大学教員、建築家など専門職の場合は、「同僚」を表す名詞として、"co-worker" ではなく "colleague" を使うことが多い。

地位か年齢か？

会社での序列は勤続年数に比例しない。年下の上司というのも大いにあり得る。英語では、年齢や入社年度にとらわれず、上役については、"She's senior to me."（彼女が私の上司です）と紹介する。ただし部下は "subordinate" と言って、"junior" とは呼ばない。

080 I'm afraid not.

「私のこと覚えていますか?」は失礼

日本では、人からいきなり"Do you remember me?"（私のことを覚えていますか？）と話しかけられることがある。私はそのたびに、ちょっと失礼じゃないか、と思うのだ。最初にそう話しかけてきたのは、私の授業に出たことのある元学生だったが、本人はそれが何十年も前の、うんと受講者の多い大教室の講義だったことがよく分かっていないようだった。その後も、やはり大勢の集まりで一緒だったとか、店のカウンター越しに会ったという人たちから、「私のことを覚えていますか？」と聞かれることがあった。そのうち私は、こんな風に話しかけられるとどうしていらいらした気持ちになるのか、また、日本語と英語という言語の違いがそこに関係しているのだろうか、などと考えるようになってしまった。

なぜいらいらするのか

第一に、どうも日本語ではこんな風にいきなり尋ねるのは別に異常なことでも、また失礼なことだとも思われていないらしい、と分かった。しかし**英語の場合は、人でも出来事でも、何かを「覚えていない」と認めることにつながるかもしれないような質問をされるのは、それだけで不愉快**である。このように聞かれると、答え方は二つしかない。正直に、"I'm afraid not."［I'm afraid I don't remember you.〕(いやあちょっと申し訳ないですが〔覚えていないんですよ〕)と言うか、"Of course, I do."(もちろん覚えてますとも)と嘘をつくか、どちらかである。しかし、どちらもいい気はしない。そしてそのような(謝るか、嘘をつくかという)行為に自分を追いやったのは、相手のほうなのだ! 本来ならば、次のように話しかけてくるべきだったのではないか。

I'm sure you don't remember me, but I was a student in your class on American culture.
(ご記憶にないとは思いますが、私は先生のアメリカ文化論に出ていました)

こう言ってくれれば申し分ないのだ。まず私が相手を思い出すのを助ける情報を与えてくれているし、また思い出すことを私に強要するものでもない。こう言われれば私もほほえんで、"It's good to see you again!"(いやあ、お久しぶり!)と答えたはずだ。

忘れがたい思い出

実際にあったことだが、成田空港で、前の学期に私の授業を履修した学生から、「覚えてますか?」と話しかけられたことがある。彼女は母親と一緒だったので、私は「ええ、覚えてますよ」と答えるにとどめ、「覚えてますとも、あなたはいつも後ろのほうの窓際に座って、授業が始まると同時に眠りに落ち、終わるとすぐ起きましたね」とは言わなかった。時に沈黙は金である。

081 It's up to you.

「好きなようにして」の日米での違い

長い間日本に住み、英語でも日本語でも、日本人と会話をする中で、様々な齟齬《そご》を経験することがあった。その経験から分かってきたことの一つは、**日本語で「好きなようにして」とか「勝手にして」などという言い方と、英語でいう“Do whatever you like.”もしくは“Do anything you like.”という決まり文句の間には、どうやらその意味合いに微妙な違いがあるらしい**、ということである。

英語の場合、このような言い方は相手によかれと思い、むしろその背中を押すような気持ちの表れとして用いることが多い。相手もこのように言われれば、自分に判断を任されて嬉しい気がするのが普通だ。自分の思い通りにする自由を与えられたからである。

しかしながら、日本語で「好きなようにして」などと言う場合は、相手によかれと思って言うのではなく、むしろ相手に対して不愉快に思っていて、勝手にしろと言い捨てているという印象が強い。私などには、その裏に「しかし私の思うようにできないと怒るからな」という気持ちが潜んでいるようにさえ思われてしまう。

他人に決定を委ねる場合

英語の場合、たとえば二人の人間が、昼食は12時からにしようかそれとも13時からにしようか、と話していて、どちらかが、“It's up to you.”（君に任せるよ）とか“The decision is up to you.”（君が決めてよ）と言えば、意味ははっきりしている。「君が決めてください。そうすれば僕は喜んで君の決定に従うから」ということであり、その言葉には何の「裏」も「含み」もない。それでも誤解されないようにしたいならば、“It's up to you. Either is fine with me.”（君に任せるよ。僕はどちらでも良いから）と言うこともできる。

しかし、これはあくまで私の感じ方だが、日本語では誰かから「君に任せるよ」と言われても、なにかその裏に別の真意が隠れているような、「忖度《そんたく》」を必要とするようなことがらがあるような気がしてしまうのだ。

本当に不愉快な場合は

では、本当に不愉快に感じて「勝手にしろ」と言いたい場合は英語では何と言えばいいのだろうか。二つ挙げよう（いずれもできる限り不機嫌に言うのがコツ）。

Have it your own way!
（やりたいようにやればいいだろ！）

I couldn't care less what you do!
（君がどうしようがこちらの知ったことか！）

もちろん、こんな言い方はしないで済むほうがいいにきまっているが……しかしまあ、何があるか分からない。知っておいて損はないでしょう。

082 I could care less.

わざと逆の意味で使う

友人同士など、親しい間で話すときには、相手が言ったりしたりしたことについて、ぶっきらぼうに「知ったことじゃないよ！」などと言う場合がある。こんなとき英語では、

I couldn't care less.

という。説明のためにあえて直訳すれば「これ以上少なく気にしようとしたってできません」ということだ。
それを頭において、次の文の意味を考えてほしい。

I could care less.

もし論理的に考えれば、前の文とはまったく反対の意味になるはずだ。しかし、驚くなかれ、**この二つの文は、まったく同じ「全然気にしていない＝知ったこっちゃない」という意味で用いられている**のである。言葉が常に論理的に用いられるわけではない、という好例である。

わざと意味をひっくり返す

このような例はもちろん一般的ではないが、**本来の正しい意味とは反対の意味で使われるようになった言葉**は

他にもある。マイケル・ジャクソンの“Bad”はその典型的な例だ。アメリカの俗語では昔から“bad”を真逆の意味で使うことが多く、

💬 Jake's a bad guitar player!

と言えば、ジェイクは素晴らしいギターテクニックの持ち主だ、ということになる。これはまったくインフォーマルなアメリカ英語の表現だが、そこまでの会話の流れや、話し手の表情から、それがギタリストとしてのジェイクを誉めたたえていることは分かるようになっている。同様の例を日本語から探して訳せば、「ジェイクのギターテク、やばいっすよ！」というところだろうか。

また、サーファーたちが仲間内で使う言い方に、

💬 That is so sick!

というものがある。これは「素晴らしく格好いい」(「マジ、かっけー」) という意味だ。ただし、通常“sick”を使ってこのように言えば、「まったく異常だ」という意味になるから、よく注意する必要がある。周りを見て、誤解する人がいないことを確認したほうがいい（本書の訳者も昔、ラーメン店でとなりの若い客が「このラーメン、ホントやばいっすよ！」と言ったときには、心底驚いたそうだ。しかし見ると、店の主人はニコニコしていて、もう一度驚かされたという)。

083 It was quite good.

アメリカとイギリスでニュアンスが違う

前項でも書いたが、アメリカ英語で "Wow, that's really *bad* music!" と言えば、場合によって意味はまったく異なる。普通の会話ならば、その曲は良くないということになるが、若者同士のおしゃべりでは、まったく反対の意味、つまりすごくいい曲だ、という意味になる。

ちょっとやっかいだが、ここでは別の例も挙げてみよう。たとえば、コンサートに行ってきた人に、どうだったかと感想を聞いたところ、

💬 It was quite good.

と返ってきたとする。さてその意味だが、普通にとればコンサートはとても良かった、と言っていることになる。少なくともそう言ったのがアメリカ人ならば……。

とかくイギリス人の場合は

しかし、**この返事をしたのがイギリス人ならば、ちょっと注意したほうが良い。こんな簡単な答えにも様々な解釈の余地があるからだ。**たとえば演奏者本人に対して言ったとしたら、本当はひどい演奏だったけれど、面と向かってはとてもそう口にはできないので、礼儀上 "It was quite good." と答えたのかもしれない。あるいは、

そのコンサートのチケットをくれた相手から「どうだった」と聞かれたのであれば、特によくもなかったけれども、相手の親切を無にしてはいけないので、そう答えたのかもしれない。一方、そのコンサートで演奏したのが自分の息子で、その息子から「どうだった」と聞かれたならば、本当に素晴らしかったのだが、息子をあまりいい気にさせるといけないので、このような言い方をしたのかもしれない。イギリス英語では、そのくらいこの“It was quite good.”は意味が広いのである。

言葉通りに受け取られると……

スコットランド出身のゴルファーであるコリン・モンゴメリーは、アメリカのトーナメントで地元レポーターから調子を尋ねられ、ユーモアのつもりで、“Well, I am quite good.”（いやあ、もう最高だね）と答えてみせた。しかしレポーターはこれを真に受け、モンゴメリーが自信過剰で傲慢だと非難する記事を書いてしまった。

もしモンゴメリーが、アメリカでははっきりと言わないと通じない場合があると分かっていれば、おそらく“I'm fairly good...And I've played this course several times before.”（いや、ま、悪くはないかな。このコースでは何度かプレーしたことがあるしね）などと答えただろう。こんな風にちょっと言葉を足せば良かったのだが、アメリカ人のレポーターはモンゴメリーの少しひねった言い方を理解できず、ただ言葉通りに受け取ってしまったのである。

084 Gimme a break!

学校では教わらない「リダクション」

日本語と同様、英語でも、話し言葉は書き言葉と異なる。文を最後まで言うわけではないし、くだけた言い方をしたり、また"didn't"や"I've"や"We'll"のように短縮形を用いる。さらに、見出しの文のように、**話し言葉では「リダクション」が行われることもある。**

英語の「縮約」とは

この場合「リダクション」とは、二つの音が一つに結合したり融合したりすること。日本語でも「そうですか」を「そうっすか」と言ったりするが、見出しの文で"Give me"が"Gimme"になっているのもまた同様の現象だ。

ただし文法書を見ても、どのようなときに、どのように「リダクション」が行われるのかは書かれていない。文法書の役目はいわゆる「正しい」用法を示すことにあり、くだけた使い方には触れないのが普通だからだ。そこに英語の話し言葉を覚える難しさもあるのだが、ともかく、「リダクション」の典型的なパターンを次に見てみよう。

よく行われる「リダクション」

"Hafta go now."←"I hafta go now." ←I have to

go now.
（もう行かなきゃ）
"I gotta message."←I got a message.
（メッセージ、確かに受け取ったよ）
"Where is 'e?"←Where is he?
（彼はどこ？）
"Taking a bus is better'n walking."
←Taking a bus is better than walking.
（歩くよりバスに乗るほうがいいよ）

ネイティブ同士の会話が聞き取りにくいのは、一つには、このようなリダクションが頻繁に行われるせいもある。しかし、別にリダクションが使えるようになる必要はない。聞いたときに何を言っているか理解できるようになればそれで十分だろう。

はっきり話すのが一番

むしろ、**話すときにはリダクションを避け、はっきりと話したほうが良い。**リダクションを使えば流暢に話しているように聞こえるかもしれないが、同時に、あまり中身のないことを話しているような感じを与える。"I wanna getta job."などと多用しすぎると、きちんとした話し方を教わっていないアメリカの高校生みたいに思われてしまう危険もある。たとえ「ぺらぺら」話しているようには聞こえなくとも、"I want to get a job."とはっきり言ったほうがはるかにましである。

085 I ain't gonna do it!

標準的ではないけれど、必須の表現

If it ain't broke, don't fix it.
（壊れてないなら、そのままにしとこうよ）

これはよく使われる表現で、とりあえずうまくいっているのならばそれでいいじゃない、良くしようなんて考えて下手にいじくるのはやめとこうよ、という意味だ。この表現は、**"ain't"**という部分も含めて、ぜひ、丸ごと覚えてほしい。もちろん、これを"If it isn't broken, don't fix it."と直すこともできるが、そうすると、この言い回しがもたらす微妙な「味」が消えてしまう。

文法はひとつだけ？

"ain't"という表現は、教科書の執筆者や文法の教師からすれば、「標準的ではない」英語、ということになるだろう。もとは、"am not"の短縮形だったようだが、18世紀には"am"ばかりか"are/is/have/has/do/does/did"の否定形として、会話で広く使われるようになった。文法の「専門家」は間違った英語だと言うが、**著者も含め、ネイティブ・スピーカーにはこの言い方をあえて用いる人も少なくない。**相手が分かってくれそうな場合に限られはするのだが、なぜこんな言い方をするのか。

第一に、英国や北米には、"ain't"がまったく通常の表現として用いられている地域がある。またアフリカ系のアメリカ人の間では、仲間内で日常的に用いられることもあるし、民族に関係なく、言い方を強めるために、この“ain't”が使われる場合もある。

- I ain't gonna do it! [=I refuse to do it.]
  （絶対嫌だからね、そんなことするのは）
- That ain't the way I heard it. [=I don't believe what you're saying.]
  （そんなこと全然聞いてないよー）
- Things ain't what they used to be. [=The good old days were better.]
  （昔はそんなじゃなかったがねぇ）

歌のタイトルの中で

この表現は、歌のタイトルでもよく見かける。“Ain't Misbehavin'”、“Ain't She Sweet”、“Ain't No Mountain High Enough!” など思いつくだけでいくつもある。“ain't”は、他の表現ではうまく言えない「何か」を伝えているために、いまだ古い形が残っているという好例である。アメリカ南部の方言として、またアフリカ系アメリカ人の間で、まだ生きて使われている言葉だ。「標準アメリカ英語」ではないが、間違った英語とも言えない。ある集団の中では正しい英語として使われ、またそれを使うことが、集団への帰属を示すことにもなる。自分たちだけの言葉を好んで使いたがる若者のように、**“ain't”は、仲間意識を確認する言葉でもある**のだ。

086 Which is more common: soda, cola, or pop?

アメリカ英語の方言

似たような言葉をいくつかアメリカ人に示して、どれが一番普通に使われていますか、と聞くのはあまりお勧めできない。方言辞典を綿密にしらべて*Speaking American*という本を著したジョシュ・カッツによれば、アメリカではごく一般的なモノでも、地方によって異なった名前で呼ばれることが珍しくないからだ。

何をお飲みになりますか？

地方によって呼び方が違う例としてもっともよく知られているのが、「炭酸飲料」だ。カリフォルニアをはじめ西部では、たいてい"soda"と呼ぶが、シカゴなど北部では"pop"と呼ぶのが普通だ。そしてアトランタなど南部では、通常"coke"と呼ばれている。調査によれば、国全体での使用比率は、"soda"（59%）、"pop"（18%）、"coke"（17%）、"soft drink"（6%）となっている。ジョージア州などでは、コカコーラが登場したときも、それを"cocola"と一語のようにして呼んでいたという。

何か書くものはありませんか？

電話番号を書き留めようとして、どんな紙でもいいから何か書き付けるものがほしい——そんなとき、アメリカ北西部のおよそ西半分の地域では、

Have you got a piece of scratch paper?

と言うが、これが東側半分になると、

Have you got a piece of scrap paper?

と言う。これも地域差の典型例だ。

「きみたち」にも地域差？

ごくごく基本的な言葉も地域によって差があるという例を示そう。ヴァージニア州からテキサス州まで、アメリカ南部では、“you all”を“ya'll”と一語に縮め、

Where are ya'll going?
（きみたち、どこに行くの？）

と言うが、他の、メイン州からカリフォルニア州にわたる地域では、“Where are *you guys* going?”などと言う（ちなみに、アメリカでは“guy”は男性だけを意味しない。性を問わず使われる）。

要するに、**話し言葉と書き言葉の違いや若者言葉とビジネスで使う言葉、また男言葉と女言葉、という違いなどと同様に、英語にもかなり地域差がある**ということである。別に「どちらの言葉をよく使いますか」と聞いても良いが、相手がどの地域出身かで答えが違う可能性があることは知っておく必要があるだろう。

087 Bless you!

誰かがくしゃみをしたときに

アメリカでは、誰かがくしゃみをすると、そばにいる人が必ず、

Bless you!
（お大事に！）

と声をかけてくれる。このような言葉は「社交的な言葉」（phatic language）にあたり、実質的に何か意味を伝えようとするものではない。このような言葉は、相手との関係を良好に維持し、またその関係を確認する目的で使われている。“Hello” や “Nice morning, isn't it?” なども同じで、つまり挨拶のための挨拶と言って良いだろう。

だから、もしあなたが**くしゃみをして、近くにいる誰かから “Bless you!” と言われたら、必ず “Thank you.” と返そう。**相手はいわば社交的な儀礼としてそう言ってくれたのだから、その心遣いに感謝しなければならない。実際に日本に住むアメリカ人は、くしゃみをしたときに誰も “Bless you!” と言ってくれないと、ちょっと寂しい気がするし、逆に誰かがくしゃみをして “Bless you!” と言ってあげたのに、“Thank you.” と返してくれないと、がっかりした気持ちになる。ちょっとしたことだが、コ

ミュニケーションというのはそういうものだ。

悪霊が入るのを防ぐ言葉

この“Bless you!”という表現はどこから生まれたのだろう？　どうやら大昔には、人間の周りには悪霊が浮遊していて、隙あらばどこかに入り込もうとしていると考えられていたらしい。そこへくしゃみをすると、一瞬だが自分の魂が飛び出てしまい、その空いたところに周りの悪霊が入り込む恐れがある。近くの人が“God bless you!”（直訳すると「神のご加護を！」）とか、“Bless you!”と言うのは、この一瞬の危険からくしゃみをした人を守るためなのだ。そのように言うことで、悪霊が入り込むのを封じ、その人の魂が元の場所に戻ってくることができる、どうもそういうことだったらしい。もちろん、ほとんどの人はこんな由来を知っていて“Bless you!”と言うわけではないのだが。

この表現のはじまりは、20世紀はじめ、ドイツからの移民たちが、ドイツ語で“Gesundheit!”（=“God bless you!”）と言っていたものが定着したことにあるらしい。調査によれば、アメリカ全体では73%の人が“God bless you!”と言うが、ドイツから多くの移民が移り住んだ地域、とくに北部では、いまだに18%の人が“Gesundheit!”とそのままドイツ語を使うようだ。もちろん、くしゃみをして誰かから“Gesundheit!”と言われても、英語で“Thank you.”と返して構わない。要は相手の親切を認め、何かしら感謝を口にすること。それが大切なのである。

088 I went to bed at eleven last night.

「寝てから起きるまで」の表現

夜、歯を磨いてから翌朝顔を洗うまでに人はどのような行為を行うのか……。日本語ならただ「寝る」、そして「起きる」と言えば良いが、英語ではそうはいかない。同じことをなんと四段階に分けて述べる必要があるのだ。

まず、歯を磨いた（“I brushed my teeth.”〔“my”が必要な点に注意〕）後でするのは、

💬 I went to bed.
（私はベッドに入った）

これが第一段階。しかし、これはただベッドに横たわった、ということを意味するに過ぎない。その後スマホでメールをチェックしてもいいし、もう少し本を読んでいても良い。そしてそれから、

💬 I went to sleep at 11:00.
（私は11時に眠りについた）

つまり「眠る」“go to sleep”、あるいは「眠りにつく」“fall asleep”という第二段階に移る。目を閉じて睡眠状態に入ることができた、という意味だ。“go to bed”と“go to sleep”は、連続しているが別個の行為なのである。

「目が覚める」と「起きる」

さて、幸いなことに朝までぐっすりと眠ることができればいいのだが、

💬 I woke up at 3:00, and went back to sleep.
（私は3時に目が覚めたが、また眠った）

ということもある。そんな早くに起きるつもりはなかったのだが、大きな雷の音で3時に目が覚めてしまったというような場合。この時の「目が覚める」“wake up”というのが、「寝てから起きる」までの第三段階だ。つまり、意識としては眠りから覚めたが、「起き上って」しまったわけではないということだ。

幸い、横になっているうちに、“stay asleep”、そのまままた眠ることができた。そうして朝になり、

💬 I got up at 7:30.
（私は7時半に起きた）

つまり、「起床」することになる。

このように、**「寝てから起きる」までを英語では細かく分け、go to bed/go to sleep/wake up/get upという四つの段階、行為の連続としてとらえ、表現する。**もちろん、その後だって、濃いコーヒーを飲むまではまだ完全に“awake”していない、つまり「目が覚めて」いないということもあるかもしれないが、それはまた別の話。

089 I'd like to wash my hands.

「トイレに行きたい」をどう言うか

生まれ育ったアメリカではたいていどの家でもバスとトイレと洗面所が一つの部屋に収まっていて、私はそれがごく当たり前のことだと思っていた。しかし、あるとき日本人の友人から、バスとトイレが一緒になっているのは気持ちがいいものではないと言われてしまった。その後日本に何十年か住んだ今となっては、その友人の意見もなるほどと思えてくるのである。

しかし一方で、この三つがすべて同じ場所にあるということが分かっていると、"I'd like to wash my hands."（手を洗いたいのですが）とか、"I'd like to use the bathroom before we eat."（食事の前にバスルームをお借りしたいのですが）といった言葉が本当は何を意味するのか、察してあげることができる。ただ手を洗いただけなのか、それともトイレを使いたいのか相手に言わずに済ませる、という点で、これらは丁寧な曖昧表現とでも言うべきものなのである。

「トイレ」という言葉を避ける

英語では"toilet"という言葉は直接的すぎて避ける傾向にある。その代わりに「お手洗い」という意味で"restroom"や、"the men's [ladies'] room"、また"wash room"などと言う。私が普段使うのは"the facilities"（施設）という曖昧な言葉だ。私の父以外にこんな言い換えをした人はいなかったので、おそらくこれは父譲りの表現だ。ともかく、誰かの家に行ったときには、

Could I use your restroom?
（お手洗いをお借りしていいですか）

と言えばいいし、レストランならば、“Where are the restrooms, please?”（お手洗いはどちらでしょう）とか“Which direction are the restrooms?”（お手洗いはどっちのほうですか）と聞けば良い。ただし、アメリカ英語では“WC”とか“water closet”とは言わない。イギリスに行くまで、この言い方はとっておいてほしい。

出物腫れ物……とは言っても

先ほど、誰かがくしゃみをすると、そばにいる人は必ず“Bless you!”と言ってあげる、という話を述べたが、これが「咳《せき》」になると、周りの人も、本人も何も言わないのが普通だ。本当に咳がひどいと、“Are you okay?”（大丈夫？）と言ってくれるかもしれないが、別にこれは“Bless you!”のような決まり文句ではない。

では、おならやゲップの場合はどうだろう。本人は“Excuse me!”とか“Pardon me.”などと言うが、周りの人は別に何も言わなくても良い。聞き流すのが普通だ。だからと言って、当の本人が何も言わず、謝らないのはマナー違反になるので、たとえ日本では黙っていても、英語圏では必ず一言お詫びの言葉を添えておきたい。

090 Good luck!

「頑張って!」は英語で何て言う?

日本に来た外国人が最初に覚える言葉の中に、「頑張って」とか「頑張ります」がある。それほどよく耳にする言葉で、まるで国全体のスローガンのようだ。では、この「頑張って！」はどのように英語に訳せば良いだろうか？　辞書を引くと、次のような英語表現が見つかる。

- Do your best!
- Keep it up!　※諦めずに続けなさい、という意味で
- Don't give up!　※同上
- Come on!
- Keep fighting!　※相手がいて戦う／競うような場合
- Hang in there!
  ※困難にへこたれないで「頑張れ」という場合

見方の違い

これらの表現はもちろん問題なく使える。しかし、**もっと「頑張って！」に近い表現を探すならば、それは"Good luck!"ではないだろうか。**その理由を説明しよう。

たとえばあなたが人に「頑張って！」と言う場合、あなたはすでに相手がもう頑張ろうとしていて、こちらが言わなくても、ベストを尽くし、諦めないという気持ちでいることを知っている。実はわざわざ言うまでもない

ことを言っているのだ。では、それでもさらに相手に必要なものはなんだろう？　まさしくそれは「運」に他ならない。だから、もっともふさわしいのは、

Good luck!
（幸運を祈ります！）
Good luck at the interview!
（面接、うまくいきますように！）

などと言って、相手の「幸運」を祈ってあげることではないだろうか。

"Good...!"を使った他の表現

"Good...!"という表現がすべて人を励ますものとは限らない。他にも似た形で、こんな表現がある。

Good for you!
［≒That's great news! Congratulations!］
（おめでとう！〔≒すごいね！　おめでとう!〕）
Good grief!
（やれやれ／おやおや、まいったね）
Good job!
（よくやった！）

こういった言い方は会話ではしょっちゅう使われるし、仲間同士ならばEメールでも用いることがある。"Good job!"などは言われて嬉しい言葉だ。

091 Good gosh!

“God”“Jesus”“hell”を避けて使う表現

“Oh my God!”という言い方は、日本をはじめ、英語を普段用いない地域でもよく浸透している。テレビや映画を見ているとよく出てくるし、実際にネイティブ・スピーカーが使うのを耳にすることも多い。これは“God”や“Jesus”、あるいは“Hell”や“Damn”を使った他の表現と同様、驚きや困惑、または強調を表すために使われる言葉である。**必ずしもタブー表現だというわけではないが、ネイティブ・スピーカーの中には、これらの表現を避けてより婉曲な言い回しを用いる人が多い。**

たとえば「うわー／おやまあ」といった驚きを示す表現である“Good God!”や“Oh my God!”についても、神の名を使うことを避けて、“Good gosh!”とか“Oh my gosh!”と言い換えたりする。これは神の名をみだりに口にしてはいけない、というユダヤ教、キリスト教の戒《いまし》めがいまだ生きているためである。人によっては、ただ驚きを示すのに“God”という言葉を使うのは不敬であると見なす。

ほんのわずかな違いに思われるかもしれないが、思慮のある人は（たとえ宗教心がそれほどなくとも）婉曲表現のほうを好む傾向にある。不用意に他人を傷つける恐れがないからだ。

言い換え表現

　同様に、"Jesus"についても、特にアメリカでは　"Jeez"や"Geez"、あるいは"Gee"などに置き換えられる。

〔驚きを示す〕Gee! I didn't know you were here.
（うわー！　あなたがここにいるとは思わなかった）

〔同情を示す〕Gee, I'm sorry you don't feel well.
（まあかわいそうに。具合が良くないんですね）

さらに、アメリカ人は"hell"を"heck"と言い換え、次のように、強調したり驚きを表現したりするときに用いる。

What the heck is this?
（いったいこれは何なんだ？）

This is a heck of a mess!
（こりゃひどい有様だ！）

他には"damn"も"darn"や"Darn it!"に言い換える。

他の言い換え

　宗教以外にも、避けるべき言葉はあって、"Fucking"は "frigging"や"frickin"に、"Shit"は"shoot"に言い換える。これらはいわゆる"four-letter-word"（四文字言葉／卑猥語）と言われるもので、たとえ耳にすることが多くても、下手に真似してはならない。どうしても使いたくなっても、もう少し穏やかな言葉で済ませたいものだ。それでも相手には十分気持ちが伝わるはずである。

092 We inched our way along the crowded road.

物の数え方あれこれ

まとめて物を数えるような場合、そのまとめ方は日本語と英語では少し異なっている。日本語では「十数人」というような数え方をよくするので、それをそのまま英語に訳して、“ten-odd people” とか “ten-something people” とか言うこともあるようだ。しかし、英語では、こういう場合は “a dozen or so” と表現するのが普通だ。

そればかりではない。日本語で「数十」と言うところを英語では “several dozen” と言い、“several tens of...” などとは表現しない。つまり数え方の単位自体が違うわけで、**日本語では「10」をまとまりとして数えるのにたいして、英語では “dozen”（ダース、12）が基本単位になる。**日本では10個ワンパックで売られている卵がアメリカでは12個ワンパックになっているのも、おそらくそのためだろう。

「万」の問題

数え方の問題で言えば、日本語では数を5桁区切りで（万、億、兆というふうに）数えるが、洋数字で書く場合には、「万」であっても10,000というふうに英語と同じ書き方をする。英語ではこの区切りそのままに “ten thousand” と読めばいいのだが、日本語で言う場合は、頭の中でスイッチを切り替える必要がある。私も長く日本に住んできて、この切り替えには慣れてきたので、"I spent thirty thousand on a new printer."（新しいプリンターを3万円で買いました）と言うところも、日本人には"I spent *san-man* on a new printer"と言ったりする。数の表現になると日本人が混乱しがちなのがわかるからだ。

特別な言い方

アメリカではメートル法を採用せず、インチ、フィート、ヤードという単位を用いているが、それぞれの単位を用いた独特な言い方が多くある。たとえば、

We *inched* our way *along* the crowded road.
（私たちは渋滞した道路をじりじりと進んでいった）

という文では、"inch"を動詞にして「1インチずつ（＝わずかな距離を）動いていく」という意味で用いる。また比喩的な表現として、"She didn't *budge an inch*."（彼女は一歩たりとも譲らなかった）と言うこともある。

I came *within an inch of* being run over by a bicycle.
（間一髪で自転車にひかれるところだった）

この"inch"は（訳では比喩的に訳したが）文字通りの距離と解してもいいだろう。とかく近頃は歩道などを歩いていてひやりとさせられることが多い。

093 Our meeting begins at 1:00 p.m.

時刻の表し方

時刻を数字で表記する方法は、世界中同じだろうと思っている人がいるかもしれない。ただ、その数字の読み方が言語によって異なっているだけだ、と。しかし、事実は異なる。日本語と英語の違いがそのいい例で、**英語では"a.m."**（午前：ラテン語ante meridiem［正午前］の略）**や"p.m."**（午後：同post meridiem［正午の後］の略）**をつけ、12までの数字で時刻を表す**（12時制）。

この方法は日本でももちろん用いられているが、24までの数字を使って時刻を示す方法（24時制）も併用されている。そればかりか「バーの閉店は26時」とか「PM14:00に開店」、あるいは「12:00 a.m.より開催するイベント」だとか、英語ネイティブから見るととても奇妙な使い方がされていることがある。これらは実際に私が目にした例だが、そのたびについ笑ってしまう。私は日本語がわかるのでそれが何時を指しているか理解できるが、英語でこんな言い方をしても、相手には通じない。

混乱を避けるためにも

別に専門的な話をするつもりはないのだが、言語を問わず、どの時刻のことを指すのか、という点について行き違いなどあれば、おちおち人と会う約束もできない。

まず、英語では“12:00 a.m.”も“12 p.m.”もあり得ない。昼間に時計の短針が12を指せば、それは“at 12 *noon*”であり、それが夜中であれば“at 12 *midnight*”である。その“midnight”つまり真夜中と“noon”つまり正午の間が“a.m.”であって、“8:30 a.m.”のように、数字の後に“a.m.”をつけて表す。日本語にひきずられて“A.M.8:30”などとするのは間違い。同様に、“noon”と“midnight”の間の時刻には、“p.m.”をつける。

Let's meet at 12:00 noon at the café.
（正午にあのカフェで会いましょう）

Our meeting begins at 1:00 p.m.
（会議は午後1時からです）

どうしても24時制を使いたいのであれば、“The Shinkansen departs from Tokyo at 14:52.”（その新幹線は14時52分に出発します）と書いても良いが、“14:52 *o'clock*”と書いてはいけない。“o'clock”は“of the clock”、つまり「時計の文字盤のうえで」という意味なのだから、12時制を前提としている。24時制で使われると混乱してしまうのだ。

英語でも例外的に24時制を採用しているのは、軍隊だ。“Military time”（軍事時間）では、“7:00 a.m.”は“07：00”、もしくはコロンを省略して“0700”と表記される。読み方は“zero seven hundred”、もしくは“oh seven hundred”となる（ちなみに、イギリス英語では、“1:30”を“1.30”と表記することもある）。

094 They got married on June 10, 2011, in Seattle.

日付の書き方

日付の書き方

日付の書き方にはいくつか方法があるが、アメリカでよく使われるものを挙げれば、"The discovery on April 10, 1994, was exciting."のように**月・日・年の順番で書く場合**と、"The discovery on 10 April 1994 was exciting."のように**日・月・年の順番で示す場合**とがある。前のほうはコンマが2か所に必要だが、後のほうはコンマをつけない。

このとき、「10日」を、"10"とすべきか"10th"とすべきかという問題があるが、必ず小さい"th"を数字のあとにつけなければならないという理由はない。これを読む場合も、"th"をつけるかつけないかは自由だ。

人によっては、年月日を"5/11/2019"のように数字とスラッシュ（斜線）だけで表すことがあるが、この場合数字が12以下だと、どちらが月でどちらが日か分かりにくくなる恐れがある。この例で言えば、5月11日なのか11月5日なのか混乱は避けられない。

文字か数字か

文中で数を示す場合には、いくつか基本的なルールがある。まず**文章の最初に数がくる場合は、数字などではなく、次のように文字で（単語として）綴る。**

💬 Sixteenth-century Italian painting is fantastic.
（16世紀のイタリア絵画はすばらしい）

文の途中で数が出てくる場合も、少なくとも1から10までは数字ではなく文字にしたい。数字を使うのは、できれば21以降にしたいところだ。

もちろん数字か単語かという選択は書くものの種類にもよる。統計学や経済学などでは、やはり数字を用いることが好ましいし、個人的な手紙や人文学領域などでは数字を使わず文字で表すほうが良いだろう。

年号の読み方・紀元の表記

前世紀末の1999年までは、誰もが4桁の年を2桁ずつに分け、19/99 “nineteen ninety-nine” と読んでいた。しかしその後、2001年から2009年までは、“two thousand one” という読み方と “twenty-oh-one” という読み方が混在し、また2010年からは、2桁ごとに分ける読み方に戻っている。たとえば2020年は、“twenty twenty” という読み方になる。

最後に、キリスト教の影響から、英語では西暦の紀元前を “B.C.”（“Before Christ” の略）、そして紀元を “A.D.”（ラテン語の “Anno Domini” すなわち “The Year of Our Lord” の略）と表すが、最近、特に考古学や自然科学の分野では、紀元前を “BCE”（“before common era”、紀元後を “CE”（“common era”）とする表記が用いられるようになってきている。

095 Bye now.

"Good-bye"はもっと長い言葉だった

日本語の「それでは」は、「それじゃ」に変化し、そこから「じゃ」に短縮されたが、英語にも似た例がある。**ごく普通に使われる言葉が、ネイティブでさえもほとんど知らないような古い言い方の短縮形だったりするのだ。**

たとえば"Good-bye"もそのひとつだ。大方の説によれば、14世紀頃の"God be with ye."がその原型である。意味としては"May God be with you."（神様があなたとともにおられますよう）となる。しかし、この言い方はいささか長すぎたようだ。そのうちに"God be wy ye."と短縮され、やがて"Godbwye"という、一語として聞こえるような表現になったという。さらに"God"は、"Good"に変わってしまった。

その結果今日では、相手に神のご加護を祈るという意識もなく、別れ際の挨拶として"Good-bye"が使われている。さらに、この"God"から来た"Good"さえ省略されてしまい、"Bye."とか"Bye now."などと使われているが、そこを省略してしまっていいのか、とちょっと突っ込みたい気にもなる。

別れの挨拶いろいろ

そのほか別れ際に使う表現としては、

Take care now.
（じゃ、お気をつけて）

[I hope you] Have a good time!
（楽しんできてね）

Take care of yourself.
（どうぞお変わりなく）

などがある。一番上は他人のことを気遣ってよく使われる表現だ。二番目の文は、"time"の代わりに"evening / weekend / vacation /party"などを用いることもある。最後は相手の健康を気遣って使われる。

くだけた場面では

日本語の「じゃ」にあたるカジュアルな表現としては、

See ya!　※元は［I will］See you later.
（またね！）

Take it easy.
（じゃあね）

Don't work too hard.
（無理すんなよ）

Cheers!　※英国でよく使われる
（元気でね）

などがある。どれも気楽な仲の相手に使うが、別れ際に相手の無事を祈る気持ちが込められているという点では、"good-bye"の元となった言葉と変わるところはない。

096 Cosplay is an interesting phenomenon.

ラテン語・古典ギリシャ語起源の単語

ラテン語と古典ギリシャ語は、ともに英語の重要な土台となっている言語だ。特に科学技術分野ではラテン語とギリシャ語の単語がそのまま使われたり、あるいは歴史的にフランス語を経由した形で用いられていたりする。

このような古典語から借用した単語の場合、複数形の作り方も一般とは異なっている。たとえば「事象」あるいは「現象」を指して、

Lightning is a common phenomenon in summer.
（雷は夏によく見られる現象だ）

などと言うが、この“phenomen*on*”は単数である。これを複数形にする場合、元の言語の規則（“-on”を“-a”に変える）に従って“phenomen*a*”とする。

Lightning strikes are common phenomena in summer.
（落雷は夏によく見られる現象だ）

「データ」の場合

“data”は、日本でも普通にカタカナ語「データ」とし

て定着しているが、もちろん日本語では単数と複数の区別は意識されない（話はそれるが、英語ネイティブにとって、単数複数の区別がないのは、実にやっかいなものである。芭蕉の俳句で「古池」に飛び込んだのが1匹の蛙《かえる》なのか複数の蛙なのか、ということは日本語では問題にならないが、英語では“a frog”か“frogs”か、どちらかでなければならない。まさに翻訳者泣かせである）。

話を「データ」に戻そう。ラテン語では“data”は複数形で、単数形は“datum”である。しかし、英語では単数・複数の区別なく圧倒的に“data”が用いられている。「データ」というのは、事例でも数値でも量でも記号でも、ともかくたくさん集まっていることを前提としているからだ。そのために、**文法的には複数形であっても、“data”は集合名詞の“information”や“news”と同じように数えられないものとして用いられている。**

💬 We collect data from many different sources.
（様々なソースからデータを集めています）

ただし、集合名詞である“information”や“news”の場合、“an information”とか“a news”という数え方はできないものの、“a bit of information”とか“a piece of news”という言い方はできる。しかし“data”の場合、“a piece of data”と言うのは（不可能ではないにしても）非常に違和感がある。もちろん、“one datum”あるいは“one data”などとは決して言わない。集積された情報、という意味を“data”という語は常に持っているからだ。

097 Who's the head honcho?

日本語由来の“honcho”って何？

日本語学習者にとって、難関の一つはカタカナで表記される外来語だ。カタカナそのものは読めても、その言葉自体が和製英語の場合、かえって混乱してしまうからである。たとえば、英語では「アメリカン・コーヒー」とは言わないし、集合住宅である「マンション」のことを“mansion”とは決して呼ばない。もちろん、逆の場合もあって、**日本語が本来のものとは異なった意味で英語に取り入れられてしまったために、日本人にはすぐに意味がわからない、という例もままある。**

厄介者の“kudzu”とは？

アメリカ南部のどこでも、植物の**“kudzu”**を見ることができる。生長が早く、いたるところにはびこる厄介者だ。この語は、1900年代に日本から来た「葛《くず》」に由来するが、今では英語として普通に使われている。

Rumors spread like kudzu vine in the rain.
（噂は雨の日の葛のツルのように広がる）

「大君」と「班長」

幕末の日本を訪れた外国人は、将軍のことを「大君」と呼んだが、母国に戻るとこれを**“tycoon”**と表記し、大成功したビジネスマンという意味で使うようになった。

💬 He was a Wall Street tycoon before he was bankrupt.
（彼はウォール街の大立て者だったけれど、破産してしまってね）

また、日本占領中に「班長」という言葉を聞き知ったアメリカ人は、それを**"honcho"**と綴り、「責任者」という意味で使うようになった。たとえば"head honcho"と言えば最高責任者、という意味になる。

💬 Who's the head honcho of the sales department?
（営業部のトップは誰なんだ？）

不確かな起源

もう一つ、日本が起源とも言われるものに、**"hunky-dory"**という言葉がある。誰もが幸せで何の問題もないとか、物事が順調に進んでいる状態を指すのだが、その語源としてもっとも面白く、また眉唾《まゆつば》ものでもある説は、それが横浜にある"Honcho-dori"（本町通り）から来ている、というものだ。つまり、横浜が開港して間もないころ、長い航海を終えてやっと陸に上がった水兵たちが、ほっとして酒だ女だと浮かれ騒ぐ場所が"Honcho-dori"であり、それが"hunky-dory"になったということだ。

098 I love sushi and tofu, but I don't like *natto*, fermented beans.

日本語をどのように用いるか

英語では、本のタイトルや字句の強調、また見出し文の"*natto*"のような外国語については、イタリック体（斜体）を用いる。いや、でも"sushi"や"tofu"も外国語ではないか、どうしてイタリックになっていないのか、と思われるかもしれない。なぜだろうか？

英語は、その単語の相当な部分を外国語、特にラテン語、ギリシャ語、フランス語からの借用によってまかなっている言語である。最近の数世紀の間には、日本語からも借用を続けてきた。

"kimono"、"tofu"、"miso"、"sushi"、"tempura"、"sukiyaki"、"bonsai"、"judo"、"karate"、そして"karaoke"などといった単語は、すでに英語として定着している。ただし、発音や意味がそのまま用いられている訳ではない。たとえば英語の"kimono"は、*kimona*のように発音され、長い緩やかな上衣をひもで結んだ服のことを指す。またアメリカのレストランで"tempura"を頼むと、おそらく当てがはずれるだろう。

新たな傾向

現在では、マンガやアニメを通じてさらに多くの日本語が英語の中に入り込んできている。とくに若い世代の欧米人は進んで単語や語句を習い、また辞書の編集者も日本語がある程度使われるようになったと見るや、たちまち英語の辞書にも載せてしまう。特にその傾向が著しいのは、食べ物（washoku、umami）や格闘技（karate、judo、sumo）、また歴史（shogun、samurai）や文化（kabuki、otaku、kawaii）などの分野である。**日本語をそのまま英語の中で使ってよいか迷ったら、英英辞典を引いて確認してみると良い。**

英語未満の日本語

これに対して、**まだ英語として定着していない日本語を用いる場合は、"*natto* (fermented beans)"などとローマ字の綴りをイタリックで示し、それに続けて簡単に意味（豆を発酵させたもの）を説明するのが良い**だろう。一度説明すればそのあとはイタリックにせず、他の英単語と同様に書いても構わない。

今のところ英語になりそうな日本語には、"natto"の他にも"yokozuna" や "kaiseki"、"kyudo"、"hocho"、"agedofu"、また"kyogen"などがある。この中には何年かして英語として定着するものもあれば、結局そうはならないものもあるだろう。また料理や盆栽や相撲などに特別の興味がある人ならば、結構日本語を知っている場合もあるが、これら英語未満の日本語をいきなり普通の人に向かって使うのは避けなければならない。繰り返しになるが、たとえば「桜前線」という独特の日本語を使ってみたいときは、"*sakura zensen*"とイタリックにし、そして簡単でいいからその英訳をつけると良い。"the cherry blossom front"でも通じるものだ。

099 We reached out to their firm for technical assistance.

流行の表現だけど、本当に必要?

私はへそ曲がりなのか、毎年毎年、特定の言葉がはやり言葉のように頻繁に使われるのを見聞きすると、うんざりした気持ちになる。たとえば日本の政治家や経営者はどうしてあんなに「しっかり」を繰り返すのだろう。あれは「しっかり」票を集めたい、利益を上げたいという意識の表れなんだろうか。「しっかり再発防止に努めたい」などと言われるとかえって本気を疑ってしまう。

もちろん、同じことは英語にもある。たとえば**近頃使われすぎている、と思うのは“reach out to (someone)”という表現**だ。

We *reached out to* their firm for technical assistance.
(我々は彼らの会社にコンタクトをとって技術協力を求めた)

「コンタクト」の意味で使われる言葉

“reach out to...”という言い方は、ビジネスの世界では「コンタクトをとる」という意味で普通に用いられているようだ。もちろん政府関係者や経済界の人間がどんな言葉を使おうが彼らの勝手なのだが、やはり少し度が過ぎているように思われる。もっとわかりやすく、“I phoned the company to ask for an appointment."（その会社に電話して面会を求めた）などと言えば、実際にどのように「コンタクトをとった」か分かって良いのではないだろうか。もし実際に会ったのならば、"I met with the leader of the yoga class."(ヨガのクラスの代表にあった）とすれば良い。「コンタクトをとる」という表現はいくらもある。

そのほかの例

ビジネスの世界では、"going forward"(前向きに)という言い方もよく使われるが、これは"in the future"とか"from this point onward"などと同じ意味だ。また近頃では「利害関係にある人々」という意味で"stake-holders"（ステークホルダー）という言葉が頻繁に使われるが、これも"everyone involved"とか"everyone who is affected"（ともに「関係者」）と言えば済む。他には「案件を上役に知らせる（「上」にあげる）」という意味で"*escalate* an issue"と使うが、これも"discuss the issue with one's superior/boss"（案件を上役と協議する）と言って困ることはない。

このようなはやりの表現をビジネスの世界の人々が使いたがる気持ちも分からないではないが、できれば会社の中だけの使用にとどめていただきたいものだ。

もちろんここに挙げた言い回しはみなよく使われているから意味を知っている必要はあるだろう。しかし、あまりにしょっちゅう使われると、手垢にまみれた感じがして次第に使われなくなっていくのもまた事実である。

100 Every fan wants to visit their favorite team's stadium.

代名詞"PC"問題

1970年代以降、英語の世界では、"stewardess"（スチュワーデス）という言葉は"steward"に、そしてさらに"cabin attendant"もしくは"flight attendant"に言い換えられるようになった。同様に"waiter"（ウェイター）は"server"に、"chairman"（議長）は"chairperson"もしくはただ"chair"になり、さらに"fireman"（消防士）は"firefighter"へ、そして"policeman"（警察官）は"police officer"へと変わった。もちろんそのねらいは、職業や地位が特定の性と結びついているような印象を避けることにある。

現在では、さらに一歩進んで、LGBTの人たちへの配慮から、大勢の人に呼びかけるときも"Good morning, ladies and gentlemen"と言わず、代わりに、"Good morning, everyone."としてはどうか、という提案も耳にする。いわゆる**"PC (political correctness)"（政治的妥当性）は、ときとしてその行き過ぎが指摘されることもあるが、言葉のうえで誰かを排除することはしない、という基本的な姿勢は重要**である。

代名詞をどうするか

しかし、**問題は代名詞**だ。そもそも英語の三人称単数の代名詞は性別を特定してしまっているのだ。PCのためには、"Every fan wants to visit his or her favorite team's stadium."とするべきだろうか、それとも（文法的な問題には目をつぶって）"Every fan wants to visit their favorite team's stadium."とするべきだろうか。いや、むしろ第三の選択肢として"Every fan wants to visit his/her favorite team's stadium."としたほうが良いのだろうか？

他にも"s/he"などと、同等を示すスラッシュ（/）を用いる方法が提案されているが、これはどう読んでいいかわからないということもあって、賛成する人は少ない。

この中では"his or her"とするのが一番無難だろうが、しかしこれも文章の中で"his or her"とか、"he and she"、"him and her"などと繰り返しているとうんざりしてくる。特に英語では近い位置で同じ言葉を繰り返すのを嫌うから、なおさらその気持ちは強まる。

近年の傾向

前述のように、単数扱いの"every fan"を"they"や"their"といった複数代名詞で受けるのは文法的に間違っている。しかし、言語は変化を免れないものだ。近頃では、両性を含む単数代名詞として、次第に"their"が使われるようになってきている。最後にその使用例を見てみよう。

Everyone on the subway was looking at their phone.
（地下鉄の乗客は誰もが携帯電話を見ていました）

あとがき

英語は世界中で使われている言語だ。だからある程度それを使いこなせると世界中の人とつながることができる。しかし残念なことに日本語と英語は、発音のうえでも、語彙のうえでも、文法のうえでも大きく異なっている。だから、日本語を学びたい外国人も、英語を学ぼうとする日本人も、相手の話していることや書いたものを理解するために、大変な苦労をしなければならない。

英語圏の国に旅行しようとか、移り住もうとしているのならば話は別だ。しかしそうでもなければ、あなたが少しでも英語を話せるということは、日本人以外の人間にとってみればとてもありがたいことなのである。そもそもあなたは英語のネイティブ・スピーカーではないのだから、英語を話そうとしてストレスを感じたり、恥ずかしがったりする必要はまったくない。間違いを恐れる必要もまったくない。相手が全然日本語が話せないので、苦労しながらも英語で話そうとしているのはあなたのほうなのだ。相手のことを思いやって努力しているのはあなたのほうなのだ。そのことを忘れないでほしい。ここは日本なのだから、お互い日本語でやりとりするのは当然で、本来ならば相手のほうが日本語を使ってしかるべきところだ。しかし、相手が日本語を使えないので、あなたは大いなる親切心を起こして、相手の分かる言語を使ってあげようとしているのである。

こんなことを言うのも、私自身、日本語を習い始めてから長い道のりを経てきた（そしてまだその途上にある）が、その間様々な場面で、大勢の日本人の友人、また先生たちから親切にしてもらったからである。目指す方向が日本語であろうが英語であろうが同じことだ。言語学習に終わりはない。いろいろな人に助けられながら、私たちは一生学び続けるのである。

あるいは、間違った英語を絶対に使いたくないという理由から本書を手に取られた方もあるかもしれない。しかし、残念ながらこの本はそのようなお役には立てないだろう。私の目的は、英語と日本語がどうしてこれほど異なっているのか、その謎のいくつかを解明することにあったからだ。

文法でも発音でも、また語彙の上でも、間違いを避けることはできない。しかしまともな人は、その間違いをとがめるようなことはしないものだ。

この本を読むことで、あなたが少しでも正確で適切な英語を使おうと心がけるようになり、そのことによって相手から信頼を得られるようになれば、著者としてこれ以上うれしいことはない。

2019年３月
ジェームス・M・バーダマン

ちくま新書
1405

英語《えいご》の処方箋《しよほうせん》

「日本人英語《にほんじんえいご》」を変《か》える100のコツ

2019年5月10日　第1刷発行

著者
ジェームス・M・バーダマン
訳者
安藤文人
（あんどう・ふみひと）
発行者
喜入冬子
発行所
株式会社筑摩書房
東京都台東区蔵前 2-5-3　郵便番号 111-8755
電話番号 03-5687-2601（代表）
装幀者
間村俊一
印刷・製本
三松堂印刷 株式会社

ISBN 978-4-480-07225-2 C0282